Mein persönliches Karate-Lesebuch

Jochen Harms

Mein persönliches Karate-Lesebuch
Autor: Jochen Harms
Geb. 1955 in Rüdesheim am Rhein
Polizeibeamter im Ruhestand; 43 Dienstjahre
Karate seit 1971, 5. Dan Stilrichtung Shotokan

Impressum

Bibliografische Informationen der Deutschen Bibliothek
Die Deutsche Bibliothek verzeichnet diese Publikation in der
Deutschen Nationalbibliografie; detaillierte bibliografische
Daten sind im Internet unter
http://dnb.d-nb.de abrufbar.

© 2024 Jochen Harms
Umschlaggestaltung: Jochen Harms
Verlag: BoD · Books on Demand GmbH, Überseering 33,
22297 Hamburg, bod@bod.de
Druck: Libri Plureos GmbH, Friedensallee 273, 22763 Hamburg
ISBN: 978-3-7597-2189-1

Durch das Karate habe ich in meiner mehr als 50-jährigen Aktivität viele besondere Menschen kennenlernen dürfen. Ihnen widme ich das vorliegende Buch.

Im Karate kommt es nicht darauf an wie viel man austeilt, sondern wie viel man einstecken kann.

Inhaltsverzeichnis

01 Prolog

Nach mehr als 50jähriger ununterbrochener Karatepraxis möchte ich in einem Art Lesebuch meine Erlebnisse schildern, welche ich im Zusammenhang mit meinem Karate gemacht habe. Einerseits die Erfahrungen beim Erlernen und Praktizieren der Karatetechnik, andererseits auch die spirituellen und kulturellen Aspekte in diesem Zusammenhang. Gerade was die Beschreibungen und Erklärungen der Karatetechnik betrifft, würde ich mir wünschen, dass der geneigte Leser das Buch immer wieder mal zur Hand nimmt, um zu verstehen, zu erlernen, sich weiterzubilden und insbesondere sich neu inspirieren zu lassen. Die Beschreibung der Karatetechniken erhebt nicht den Anspruch auf Vollständigkeit. Ein Sachbuch hätte anders strukturiert werden müssen und hätte dem Werk die Authenzität genommen. Somit waren einige inhaltliche Wiederholungen bei verschiedenen Themen unvermeidbar. Ich habe versucht die Themen herauszuarbeiten, welche nicht bei im Handel allgemein erhältlichen Karatelehrbüchern behandelt werden. Hierzu ist wichtig zu wissen, dass ich Shotokan Karate praktiziere, so wie es die Japan Karate Association (JKA) von der Technik her lehrt. Ich hatte schon Anfang der 70er Jahre das Glück Karate-Vorführungen von Hiroshi Shirai, Keinosuke Enoeda, Koichi Sugimura und Hideo Ochi miterleben zu dürfen und mir schon früh die Frage gestellt, welches der Unterschied der Karatetechnik bei der Ausführung durch diese Koryphäen der JKA zu unserer Ausführungsform hier in Deutschland ausmachte, obwohl wir doch die gleiche Stilrichtung Shotokan praktizierten. Waren es lediglich die visuellen Unterschiede der körperlichen Physiognomie der Japaner zu uns Europäern oder waren es essenzielle Unterschiede in der Ausführung der Karatetechniken. Diese Frage konnte ich für mich durch Training im Honbu Dôjô der JKA und im Hôzôji Dôjô von Norihiko Iida beantworten. Meine Erkenntnisse bezüglich der Japan Karate Association beziehe ich von meinen Reisen nach Japan im Zeitraum von 1980 bis 1986 und im Jahr 2003. Ich bin insoweit also nicht mehr auf dem neuesten Stand. Soweit möglich verfolge ich die Geschehnisse im Internet. Von den Karate-Wettkämpfen bei den Olympischen Spielen in Tokyo 2022 habe ich mir im Fernsehen fast alle Kämpfe angesehen. Manche Kämpfe mehrfach zur Analyse auch in der Mediathek. Das hat mich sehr nachdenklich gestimmt. Ebenso die Betreuung und das tägliche Zusammensein mit Tetsuhiko Asai während seines Aufenthaltes in Deutschland in den Jahren 1997, 1998 und 2000 gaben mir neue Erkenntnisse und Impulse für meine schriftlichen Ausarbeitungen bezüglich des Karate. Zuletzt habe ich Asai Sensei im Jahr 2003 in Tokyo besucht.

Mein Art Karate zu praktizieren war von Anfang an philosophisch meditativ ausgerichtet. Ich habe gerade als Anfänger immer vom Karate praktizieren als Dô - Weg - gesprochen und wusste noch gar nicht, was damit eigentlich gemeint ist. Heute weiß ich, um was es dabei geht und bin auch diesen Weg gegangen. Nach jahrzehntelanger Karatepraxis würde ich nie in einem Gespräch das Thema Karate-Dô erörtern. Das Schweigen ist mir wichtiger. Es gibt unzählige Möglichkeiten Karate zu praktizieren. Jeder nach seiner eigenen Fasson.

Von der Karatetechnik her ist allerdings das Ziel, die qualitativ optimale Trefferwirkung – den Ippon - zu erreichen. In meinem Haus habe ich seit über 40 Jahren einen Makiwara installiert, an dem ich dies trainiere.

Gerade um meine Beschreibung der Karatetechnik zu verbessern war es erforderlich, auf Defizite bei der Vermittlung des Karate in der Vergangenheit hinzuweisen. Ich möchte meine Beschreibungen nicht als den erhobenen Zeigefinger verstehen, sondern ich weiß, was in der Vergangenheit alles geleistet wurde und dass man gar keine andere Möglichkeit hatte, die Technik so zu lehren, wie ich es heute teilweise in Frage stelle.

Bis 2009 habe ich in Frankfurter Karate-Dojos trainiert, überwiegend bei Efthimios Karamitsos. Im Oktober 2009 wechselte ich zum Karate-Dôjô des Zweiten Deutschen

Fernsehen (ZDF) und leitete bis März 2020 dort in Mainz auf dem Lerchenberg einmal in der Woche zwei Trainingseinheiten. Ohne Wettkampforientierung und Prüfungsdruck habe ich hier wieder Freude an der Trainerarbeit bei der Gruppe 50 Plus gefunden. Meinen Karatefreunden Frank Fell-Bosenbeck, Mark Hugo und Gerhard Sund danke ich für ihre Anregungen und das Redigieren der vorliegenden Arbeit.

02 Meine Anfänge im Karate

Mein eigener Karatewerdegang in den Anfängen ist wohl symptomatisch für diese Zeit: Meinen damals 20jährigen Trainer Ekkehard Schleis lernte ich 1971 als 16jähriger in einer Diskothek kennen. Er selbst hatte 1969 im Karate-Dôjô Lahnstein am Rhein bei Günther Holzer, Udo Philippzik und Harald Kwartitsch mit dem Karatetraining begonnen, ca. 50 km von seinem Heimatort Lorch am Rhein entfernt. Nach dem Ekkehard die Prüfung zum 7. Kyu bei Bundestrainer Hideo Ochi abgelegt hatte, fand er in der Nähe seines Heimatortes eine kleine Turnhalle und verlagerte sein Training ab sofort nach dort. Die Linoleumplatten hatten sich teilweise gelöst und die Halle wurde im Winter nicht beheizt.

Vorrangig für den neuen Trainingsort war die Verringerung der Entfernung zu den Trainingsmöglichkeiten, nicht aber das Ziel einer Dôjô-Neugründung, die sich dann aber automatisch ergab. Erste Mitglieder waren ein paar Interessierte aus dem Freundeskreis und schon wurde aus einem 7. Kyu ein Trainer. Die Kata Tekki Shodan brachte Ekkehard Schleis sich mittels eines Lehrbuchs von Masatoshi Nakayama selbst bei. Das Training fand dienstags und donnerstags in der Zeit von 20.00 Uhr bis 22.00 Uhr statt. Sonntags wurde zusätzlich von 10.00 Uhr bis 12.00 Uhr trainiert. Trainingsinhalt war das gesamte technisch bekannte Repertoire Schon die Aufwämgymnastik, einschließlich konditioneller Übungen, dauerte ca. 45 Minuten. Nur noch Leistungssportler würden heute dieses Training konditionell durchhalten. Nach gefühlten 2 Minuten war unser

Karate Gi (Marke Tokaido mit den Runenzeichen, welches Jürgen Seydel kreiert hatte) so nass, als hätte man ihn gerade aus dem Wasser gezogen. 9 Jahre später in Japan sollte sich dieses konditionsorientierte Training auszahlen. Wir wollten gute Karatekas werden und sahen Karate nicht als Sportart an, sondern wollten den Weg des Karate gehen – das Karate Dô. Was Karate Dô ist, wussten wir - heute ehrlicherweise eingestanden- damals noch nicht. Sportliche Wettkämpfe, außer den jährlichen Deutschen Meisterschaften, gab es damals nicht und die Vorstellung, Karate irgendwann als Wettkampfsport auf breiter Basis betreiben zu können, gab es nicht. Die Disziplin während des Trainings war sehr streng. Wer zu spät zum Training erschien, machte erst mal drei Runden im „Entengang" durch die Halle. Nur in den Oster- und Weihnachtsferien war Trainingspause. In den Sommerferien, wenn die Sporthalle geschlossen war, trainierten wir im Freien auf einer Wiese. Während dieser Zeit habe ich kein einziges Training versäumt. Nach 24 Monaten und ca. 240 Trainingseinheiten Karate bestand ich die Prüfung zum 9. Kyu bei Gerd Löw. Im Juli 1973 ging es dann zum ersten großen Sommerlehrgang nach Kiel mit Shiro Asano, Masaru Miura, Akio Nagai, Kazuhiro Sawada, Hiroshi Shirai, Shinseki Takano und natürlich Hideo Ochi Sensei. Auf dem Zeltplatz hatten wir uns mit den Karatekas aus Montabaur (Uwe, Heidi Zimmermann, Gerd, Gerald, Norbert Schwickert, Marianne Pohl) und aus Gießen (Ronny Repp, Bernd Gerich) angefreundet. Meine Prüfung zum 8. Kyu legte ich bei Nagai ab. Während der gesamten Prüfung saß er auf einem Stuhl, hatte die Füße zum Schneidersitz angezogen und schaute permanent nach unten – bei allen Prüflingen. Eine junger deutscher Prüfungsbeisitzer rief die Prüflinge namentlich auf und sagte auch die Techniken an: Erst alle Prüflinge Kihon, dann Gohon Kumite und zuletzt Heian Shodan. Im Ausweis steht jedoch Ochis Namensstempel. Nach der Heian Shodan bei der Prüfung kam ein Mädchen aus dieser Gruppe und sagte spontan, sie hätte noch nie so gut von jemandem die Kata Heian Shodan vorführen gesehen. Ich glaube auch heute noch, dass die Kata sehr gut von mir ausgeführt worden ist. Es war aber zu diesem Zeitpunkt auch die einzige Kata, welche ich kannte.

Wenn ich meine bis dahin absolvierten Trainingseinheiten (ca. 250) mit jeweils 5 Heian Shodan durchschnittlich im Training multipliziere, dann sind das 1250mal die Heian Shodan für den 8. Kyu. Die Prüfung zum „Orangegurt" habe ich noch im Oktober 1973 bei Ochi Sensei in Montabaur abgelegt. So oft wie möglich fuhren wir dann zu Lehrgängen, insbesondere zu Ochi Sensei, welcher eine unbeschreibliche Begabung hatte, uns zu motivieren. Insbesondere wenn er zur Demonstration das Bein zu Mawashi Geri Jodan anhob, es in der Höhe hielt und die Fußhaltung von dem mit dem Spann getretenen Fuß zur Fußhaltung mit dem Fußballen wechselte. Ochi Sensei sah ich zum ersten Mal im Herbst 1971 auf einem Lehrgang in Montabaur. Er erschien im blauen Anzug mit Krawatte, in seinem Aktenkoffer hatte er ordentlich seinen Karategi verstaut; ganz Japaner. Die Aufbauarbeit von Ochi Sensei war für Generationen von Karatekas in Deutschland prägend.

Osterlehrgang 1992 in Frankenthal mit Hideo Ochi

13

03 Hideo Ochi kommt nach Deutschland!

Wegen Unstimmigkeiten mit den Funktionären beendete Hirokazu Kanazawa seine Arbeit für den DKB und führte auf seinem Abschiedslehrgang am 1. April 1970 in Krefeld seinen Nachfolger Hideo Ochi ein. Dieser wurde ab 1. Juni 1970 auch offizieller Bundestrainer des DKB. Im DKB sind zu diesem Zeitpunkt 104 Dojos gemeldet. Das Erfolgsrezept der nun beginnenden Ära liegt wohl an der Tatsache, dass der Bundestrainer (BT), eigentlich zuständig für den Spitzensport, an Wochenenden durch die Lande reist und bei den Vereinen Lehrgänge abhält. Es sind nicht wenige Enthusiasten, die BT Ochi zu den jeweiligen Lehrgängen quer durch die Republik nachreisen. Ochis charismatische Persönlichkeit und seine hohe Sachkompetenz sind weitere Ursachen des Erfolgs. Nationalkaderathleten und Breitensportler, einschließlich Karateanfänger, trainieren und übernachten gemeinsam in ein und derselben Sporthalle. Ein Funktionär, der nicht mehr aktiv Karate trainiert, ist die Ausnahme. Bis zu Beginn der 80er kommt es vor, dass Kaderathleten und Bundesvorstand gelegentlich gemeinsam trainieren. Hideo Ochi (Aussprache des Vornamens: Hide...o!) wurde am 29.02.1940 in Tajio /Ehime geboren. Im Alter von 16 Jahren begann er mit dem Karate-Training. Nach Abschluß seines Studiums 1962 an der Takushoku Daikagu (Daikagu heißt Universität) begann er bei der Japan Karate Association mit der Ausbildung zum Instructor, die er 1964 erfolgreich beendete. Für seinen Einsatz für die Völkerverständigung und für sein großes soziales Engagement wurde ihm 1997 das Bundesverdienstkreuz verliehen.

04 Training in den 70er Jahren:

Zu dem Beginn der 70er Jahre waren die Vereine und der Trainingsinhalt nicht so strukturiert, wie es heute ist. Unsere Trainer waren selbst noch Lernende und hatten erst gerade einen Kyu-Grad. Mein Trainer hatte als höchste Graduierung in unserer Karategruppe den 7. Kyu, als ich mit dem Karate anfing. Selten waren wir mehr als 6 Leute im Training. Es wurde von der Gymnastik und Kräftigungsübungen bis über die Karatetechniken alles ausgeführt, was dem Trainer bekannt war. Zu Beginn wurden bis zu 45 Minuten Gymnastik und Kräftigungsübungen durchgeführt. Nach heutigem Maßstab könnte die Mehrzahl der derzeitigen Karatesportler bezüglich des damals geforderten konditionellen Anspruchs jetzt erschöpft nach Hause gehen. Das Training insgesamt dauerte 2 Stunden (Anmerkung: Wir trainierten in Kaub am Rhein, dienstags und donnerstags von 20:00 Uhr bis 22:00 Uhr und sonntags von 09:30 Uhr bis 12:00 Uhr). Ich kann mich noch sehr gut daran erinnern, als mein damaliger Trainer mit Hilfe eines Kata-Lehrbuchs von Masatoshi Nakayama sich selbst die Kata Tekki Shodan beibrachte.

Im Oktober 1972 fuhren wir dann sonntags nach Saarbrücken zu einem Ochi Lehrgang. Als wir ankamen, fanden gerade Dan-Prüfungen statt. Von gefühlt 16 Prüflingen zum Shodan-Diplom hatten nur 4 bestanden. Von der Tribüne aus hatte ich die Prüfung von Karatepionier Bernd Hinschberger zum 2. Dan mit Kumite-Partner Ulli Buss beobachtet. Es war das erste Mal, dass ich einen Karateka mit offenen Händen kämpfen sah. Da mein Trainer Ochi Sensei bekannt war, konnte er noch die Prüfung zum 3. Kyu ablegen. Innerhalb der Prüfung war es für meinen Trainer das erste Mal, dass ihn jemand bei der aus einem Karate-Lehrbuch erlernten Kata Tekki Shodan korrigierte. Ochi Sensei stand kurz auf und zeigte ihm die einzelnen Sequenzen aus der Kata – bestanden.

Vor diesem Hintergrund ist zu verstehen, dass es zu den Anfangsjahren erst einmal um das Erlernen der Technik in der Grundschule und den Ablauf der einzelnen Katas ging. Der breiten Masse diese Basis zu vermitteln bedeutete, dem Karate einen seriösen Unterbau zu geben. Das Karate in Deutschland konnte lange Jahre von dieser Aufbauarbeit zehren, bevor es ins Mittelmaß abgleitete. Heute kommt es mehr darauf an, den Ablauf der Prüfungsordnung zu beherrschen, als auf das Niveau der Technik. Wer dann in der Prüfung sich nicht außergewöhnlich täppisch anstellt, besteht locker die Prüfung zum 1. Dan. Die Karatekas, welche 1972 die Prüfung in Saarbrücken zum 1. Dan und 2. Dan nicht bestanden, könnten mit ihrem Technikniveau von damals mit Leichtigkeit heute die Prüfungen zum 4. und 5. Dan ablegen

05 Grundschul- und Prüfungsordnungskarate

Karate wird heute mehrheitlich als Breitensportart praktiziert. Die Betonung bezüglich der Technikausführung liegt im Verzicht auf Trefferwirkung und Schutz der körperlichen Unversehrtheit. Das ist ethisch und moralisch vollkommen richtig. In den halbfreien Kumiteformen hat das zur Folge, dass gar nicht mehr ernsthaft angegriffen wird. Es könnte ja etwas passieren.

Es hat sich ein Grundschul- (oder Basistechniken-Karate) und Prüfungsordnungskarate etabliert, bei dem die dynamischen Angriffsbewegungen in den halbfreien Kumiteformen mit dem ernsthaften Ziel zu treffen nicht mehr praktiziert werden. Ich beziehe mich hierbei auf die Mehrzahl der Karate Dôjôs in Deutschland, Ausnahmen gibt es immer.

Somit sind auch die essentiellen Herausforderungen im Karate verloren gegangen. Dynamisches Karate bedeutet mit dem Willen zu treffen anzugreifen. Nur so kann sich Kampfgeist entwickeln. Grundvoraussetzung für eine dynamische Technik ist, dass ich innerlich körperlich locker bin und die Phase der statischen Angriffstechnik überwunden habe. Ebenso dazugehörig ist, dass die Angst des Treffens und Getroffenwerdens überwunden wurde.

Was verstehe ich unter Treffen. Sollen beide Übenden sich eine blutige Nase holen und mit einem Höchstmaß an Trefferwirkung aufeinander einschlagen und eintreten? Nein, hier muss man grundsätzlich den Unterschied zwischen der grundschulmäßigen Ausführung eines Tsuki und dem schnellen dynamischen Tsuki unterscheiden. In der Grundschule ist die Faust des ausführenden Armes schon an der Hüfte gespannt. Und auch der Weg zum Endpunkt der Fausttechnik reicht nicht aus, den Unterarm zu entspannen. Die Technik ist zwar sehr schnell, erreicht aber nicht die optimale Geschwindigkeit. Kommt jetzt bei der Ausführung der Gedanke hinzu, die Technik wird im Endpunkt mit höchster Anspannung gestoppt, hat das zur Folge, dass die Arretierungsphase zu lange dauert und es bei Kontakt zu Verletzungen kommt. Ich möchte jedoch betonen, dass das Praktizieren von „Grundschul-Karate" eine seriöse und sinnvolle Art darstellt, sein eigenes Karate zu betreiben. Es entwickeln sich auch hier sehr starke Techniken, welche in der Praxis ihre Trefferwirkung entfalten können. Dieser Art des Karate fehlt es jedoch an Beweglichkeit, welche die Fähigkeit zum „Freikampf" erheblich beeinträchtigt.

06 Die Karate-Technik als solche-

Karate-Technik heißt mittels Schlagen, Stoßen und Treten die Techniken so schnell wie möglich (Schnelligkeit) ins Ziel zu bringen unter Einnahme einer günstigen Ausgangs- und Endposition, in dieser Endposition alle Muskeln für den Bruchteil einer Sekunde anzuspannen (Kraft/Kime), wobei die dabei ausgehende Energie in einem einzigen Punkt einer kleinen Trefferfläche fokussiert wird. Trifft diese Technik den richtigen Vitalpunkt am menschlichen Körper, so zeigt sie Wirkung und ist unter Umständen tödlich. Jissen – mit einer Technik töten.

Die Fachliteratur, bei denen die Karate-Techniken nach sportwissenschaftlichen Aspekten behandelt werden, ist sehr überschaubar. Die Beschreibungen der einzelnen Techniken entsprechen in der Ausführung den Grundformen (Grobform). Die Ausführung der Techniken in der Stilrichtung Shotokan richten sich grundsätzlich nach dem Buch Karate-Dô - Dynamic Karate - von Masatoshi Nakayama. So ist es auch in der Prüfungsordnung der Stilrichtung Shotokan im Deutschen Karate Verband e.V. verzeichnet. Das Buch erschien Anfang der 60er Jahre in Japan und wurde von Jürgen Seydel aus dem Englischen übersetzt und erschien 1968 in Deutschland. Für die damalige Zeit ein sehr umfangreiches Werk über die Basistechniken des Shotokan Karate. Von der Beschreibung der einzelnen Techniken her kann man dies heute als „Grundform" der Basistechniken bezeichnen. Den heutigen Ansprüchen nach sportwissenschaftlichen Aspekten der Technikbeschreibung wird dieses Werk nicht mehr gerecht. Wer fachkundig in dem Lehrbuch etwas nachlesen will wird feststellen, dass die Texte mit der Technikbeschreibung ermüdend sind.

Mir ist als Karateka, welcher über Karate schreibt bewusst, dass meine Beschreibung der Techniken bei der Ausführung der Techniken stark stilrichtungsbedingt geprägt sind. Bedingt durch die Karate-Stilrichtungen gibt es im Karate eine bereichernde Vielfalt, welche von einem einzelnen nicht in der

Gesamtheit erfasst werden kann. Meine Aufzeichnungen beziehen sich auf die Techniken der Stilrichtung Shotokan oder leiten sich davon ab, insbesondere den Techniken, wie sie bei der Japan Karate Association (JKA) in Japan gelehrt und ausgeführt werden. Gleichzeitig möchte ich jedoch anfügen, dass ich sehr viel von anderen Karatestilrichtungen gelernt und übernommen habe. Die Stilrichtung Goju Ryu Seibukan, insbesondere Sensei Dom Maldonado (US Air Force Wiesbaden, 1985), half mir, das richtige Atmen zu verstehen. Ich kann nur jedem interessierten Karateka empfehlen, sich mit anderen Karatestilrichtungen zu befassen, um so sein eigenes Karate zu vervollständigen und zu bereichern.

Das Shotokan-Karate, wie es in Deutschland gelehrt und praktiziert wird, damit meine ich in den drei Grundsäulen Kihon, Kata und Kumite, würde ich als Grundschulkarate oder Grundtechniken-Karate bezeichnen, weil es ihm an Beweglichkeit und Geschmeidigkeit aus der Überbetonung der Spannung in der Endphase der Technik fehlt. Diese rudimentäre Form Karate zu praktizieren ist ebenfalls eine seriöse und sinnvolle Art, aus der sich sehr starke und wirkungsvolle Techniken entwickeln.

Ich bin ein Karateka, welcher anfangs der 70er Jahre die Grundtechniken des Karate erlernt hat. Als ich 1980 zum ersten Mal in Japan im Honbu Dôjô der JKA in Tokyo, Ebisu, zum Training war, sah ich sofort, dass die Japaner die Techniken „lockerer" und vor allem schneller ausführten. Seither orientiert sich meine Ausführung der Karatetechnik, wie sie von der Japan Karate Association (JKA) in Japan praktiziert wird. Ich war es gewohnt, die Techniken mit äußerster Anspannung auszuführen und hatte in den 9 Jahren meiner bisherigen Karatepraxis ohne es zu merken mir antrainiert, die Techniken durch verspannt auszuführen. Mein Tsuki hatte auf dem Weg zu viel Anspannung. Bedingt durch meine starken Techniken an sich, ließ ich mich darüber hinwegtäuschen, als ob alles so in Ordnung wäre. Schon bevor meine Faust von der Hüfte aus nach vorne startete, war sie fest geschlossen. Hierdurch hatte auch der Unterarm zu viel Spannung. Heute setzte ich nur so viel Muskelkraft ein wie erforderlich, damit die Faust geschlossen bleibt. Erst im Fokus ist die Faust maximal für einen Bruchteil einer Sekunde angespannt. Als ich nach 6 Wochen Aufenthalt wieder nach Deutschland zurückkam und mit anderen Karatekas darüber sprechen wollte stellte ich fest, dass mich niemand verstand und auch verstehen wollte. Alle praktizierten die Techniken mit voller Anspannung. Mein Freund Efthimios Karamitsos war einer der ersten in Deutschland, welche die Schnelligkeit der Technik praktizierte mit Fokussierung der Spannung im Endpunkt.

Meine Beobachtung bezüglich des Erlernens und Verfestigens der Technik ist die, dass zu viele Karatekas zu früh mit der Entwicklung ihrer Technik aufhören oder besser gesagt auf einem bestimmten Niveau stehen bleiben. Nur den Bewegungsablauf der Technik in der Grundform (Grobform) zu beherrschen und die Technik entsprechend auszuführen, reicht meines Erachtens nicht aus. Der Karateka muss die Technik voll und ganz verstehen, nur dann entwickelt er ein entsprechendes Feingefühl. Übertragen in den Fußballsport heißt das, dass ein Spieler auch Ballgefühl benötigt. Sobald die Fausttechniken schnell ausgeführt werden sollen, ist bei nicht wenigen Karatekas zu beobachten, wie plötzlich die Fäuste in allen Variationen zunächst geöffnet werden. Bei manchen Karatekas sogar in der Endphase der Technik. Nach einigen Jahren sind dann diese Techniken verfestigt. Ich schreibe dies nicht als Kritik, nein, ich schreibe für den Karateka, der sich mit seiner Technik auseinandersetzt und entsprechend weiterentwickeln will.

Um meine schnellen und lockeren Tsukis zu behalten, trainiere ich immer wieder die Kombinationen der Grundtechniken, das heißt mit relativ viel Spannung auf dem Weg ins Ziel. Nur ich weiß dann in diesem Augenblick genau, warum ich das so mache und kann sofort wieder auf die eigentliche Karatetechnik umschalten: maximale Geschwindigkeit und wenig Muskelspannung auf dem Weg ins Ziel.

Schulter des stoßenden Armes:
Die Schulter des stoßenden Armes ist etwas nach vorne gerichtet. Ich halte die Schulter nicht mehr zurück – parallel – wie ich es zu Beginn meiner Karatepraxis erlernt und mehrere Jahre praktiziert habe. Durch das Zurückhalten der Schulter verbleibt zu viel Energie in der Schulter. Die Technik wird bei parallel gehaltenen Schultern praktisch in den Schultern festgehalten und entfaltet so nicht die volle Schlagkraft im Fokus der Faust. Um die Technik so zu verstehen, muss ich wissen, dass sich die eigentliche Ausführungsform der Fausttechnik aus verschieden Trainingsbausteinen zusammensetzt. Um die Schulter als erfahrener Karateka nach vorne nehmen zu können, muss ich auch die parallele Schulterhaltung bei der Ausführung beherrschen. Das immer wieder von Zeit zu Zeit währende trainieren der einzelnen Bausteine, ja, auch Seiken Choku-Tsuki in Shizentai, bis hin zum Training am Makiwara, hält meine Technik auf hohem Niveau.

Technik mit Körpereinsatz:
Als nächstes möchte ich darauf hinweisen, dass die Techniken mit Körpereinsatz ausgeführt werden. Bei Oi-Tsuki oder Gyaku-Tsuki nehme ich deshalb eine sehr hohe Ausgangsposition ein. Beim Vorgehen bzw. Eintauchen mit der Technik wird das Gewicht des Oberkörpers mit in den Abschluss der Technik eingebracht, um so die Schlagkraft zu optimieren.
Die Kunst bei den Fausttechniken liegt darin, die entspannte vollständig geschlossene Faust mit maximaler Geschwindigkeit nach vorne ins Ziel zu bringen. Ist die nach vorne gestoßene Faust schon zu stark an der Hüfte (Ausgangsposition) gespannt, wird nicht die maximale Geschwindigkeit erreicht.

07 Die Grundtechniken des Karate

Die Ausführungen der Basistechniken in der Grundschule stellen das Optimum der Karatetechnik dar. In den Formen der Grundschule erlernen und trainieren wir die Technik als optimalen Bewegungsablauf, die Koordination und den Einsatz der verschieden Muskelgruppen in der richtigen Reihenfolge mit dem Ergebnis einer starken Technik. Die Grundschule darf aber nicht zum Selbstzweck werden, sondern ist nur Mittel zum Zweck. Im Kampf, sowohl im sportlichen Wettkampf als auch in der Selbstverteidigung, erfolgt die Ausführung der Techniken aus einer natürlichen lockeren Körperhaltung. Die im Verhältnis lange Anspannung der Techniken in der Endphase in der Grundschule reduziert sich bei der Ausführung als Kampftechnik auf ein zeitliches Minimum bei höchster muskulärer Anspannung im Endpunkt – Kime. Je höher die kognitiven Fähigkeiten in der Grundschule ausgebildet sind, desto qualitativer die Ausführungen der Karatetechniken in der freien Anwendung. Werden die Grundtechniken - Kihon - nicht regelmäßig geübt und in ihrer Ausführungsform überprüft, seitens des Trainers oder vom Praktizierenden selbst, so sinkt auch wieder das technische Niveau bei der freien Ausführung in den Kumite-Formen.

In nicht wenigen Dojos wurden die Karatetechniken der Grundschule – Kihon - zum Selbstzweck und dominieren ebenfalls bei der Ausführung der Karatetechnik in Kumite und Kata. Bei Karatekas aus solchen Dojos macht sich das bemerkbar, indem sie beim Randori und auch im freien Kampf permanent verspannt sind. Die Ausführung der Katas erfolgt ebenfalls mit zu viel Spannung im Fokus. Wird in einem Shotokan-Dôjô das Training in allen Ausführungsformen des Karate von der Grundtechnik – Kihon -her dominiert praktiziert, dann macht das auch Sinn, da auch diese Ausführungsweise eine seriöse Basis beinhaltet. Ich selbst habe die ersten 11 Jahre als Karateschüler in einem solchen Dôjô trainiert. Die Ausführungsweise ist dann praktisch eine Art Unter-

Stilrichtung innerhalb der Stilrichtung Shotokan. Es fehlt ihm aber an Beweglichkeit, wie es die Instruktoren der JKA praktizieren.

Als ich dann in Japan im Hôzôji Dôjô von Iida Sensei den Unterschied bemerkte, konnte ich von ein auf die andere Sekunde die Ausführung meiner Karatetechnik umstellen. Nach Deutschland zurückgekehrt musste ich feststellen, dass ich sehr oft in das alte Schemata meiner Technikausführung zurückfiel. Ich hatte mich automatisch immer wieder meinen mittrainierenden Sportkameraden angepasst. Ich denke, dass die Vorstellung von Technik und Kraft auch eine Mentalitätsfrage ist. So wie früher in Großbritannien ein anderer Fußballstil, nämlich „kick and rush" gespielt wurde als in Deutschland.

08 Die Karate-Technik am Beispiel eines Tsuki!

Für den Anfänger kommt es darauf an, die gesamte Technik unter einer gewissen Anspannung der Muskeln durchzuführen. Am Anfang wird die Muskelspannung höher sein als erforderlich. Hierdurch erlernt der Karateschüler schneller die Koordination der eingesetzten Muskeln bzw. nur die Muskelpartien einzusetzen, welche für die Ausführung der jeweiligen Karatetechnik erforderlich sind. Die Muskelspannung soll auch hier ihren Höhepunkt in der Endphase erreichen. Die Schultern müssen parallel gehalten werden, denn sie sind später für die Kontrolle in Bezug auf die Distanz entscheidend. Der Karateka soll erkennen, dass mit dieser Schulterhaltung bei gestrecktem Arm die Technik vorne an den beiden Knöcheln (Seiken) beendet ist. Wird die Schulter des stoßenden Armes nach vorne genommen, entsteht der Eindruck, dass die Technik deshalb vorne beendet ist, da die Armeslänge begrenzt ist. Sonst würde die Technik unendlich fortgeführt werden. Der Karateka soll erkennen, dass die Karatetechnik auf einen von ihm festgelegten Punkt zu Ende ist:

in der Kime-Waza. Die parallele Haltung der Schultern ist für den Anfänger insbesondere in der Gyaku-Tsuki-Haltung und bei der Seiken-Choku-Tsuki erforderlich.

Spätestens ab dem 4. Kyu ist man jedoch kein Anfänger mehr. In meiner mehr als 50jährigen Karate-Praxis bin ich zu der Überzeugung gekommen, dass bei der Ausführung der Fausttechniken nicht zu lange mit der Schulter etwas nach vorne bringen gewartet werden soll. Streng genommen ist die Ausführung des Tsukis mit zurückgehaltener Schulter bei Ausführung der Fauststöße falsch. Daher ist gerade bei Karatekas, welche im Alter von 50 Jahren und älter mit dem Erlernen des Karate begonnen haben zu überdenken, ab wann die quälende Forderung, die Schultern bei der Ausführung der Fauststöße zurückzuhalten, eingestellt wird. Ich halte es für ausreichend, hin und wieder bei der Ausführung der Grundschule innerhalb des Trainings darauf hinzuweisen, dass „heute" der Schwerpunkt im Zurückhalten der Schultern bei den Fausttechniken liegt.

Für den fortgeschrittenen Karateka heißt es, mit einem minimalen Aufwand an Muskelspannung die Technik zum Ziel zu bringen, um dann mit einer explosionsartigen Anspannung aller Muskeln die Technik abzuschließen. Aus der Entspannung in die Anspannung und wieder zurück in die Entspannung.
Wenn wir uns mit dem JKA-Karate auseinandersetzen, so wie es heute in Deutschland praktiziert wird, müssen wir uns klar werden, wie es in den Anfängen gelehrt wurde, welche Schwierigkeiten bestanden und welche Auswirkungen dies bis heute hatte. Durch Sprachprobleme der japanischen Karatelehrer und Übersetzungsfehler entstanden Ausführungs- und Interpretationsfehler der Techniken, die bis heute ihre Auswirkungen haben. Wer zu den Karatepionieren in Deutschland gehört weiß, wie oft man nach dem Besuch eines Lehrgangs mit einem japanischen Sensei eine als bekannt und als beherrscht angesehene Technik neu überdacht und erlernt

werden musste. Die Fehler bei der Ausführung des Karate sind noch heute teilweise im gesamten Spektrum unseres Sports enthalten.

Es wurde immer von starker Technik gesprochen, was zur Folge hatte, dass die Techniken auf dem Weg zum Endpunkt - Kime - zu viel Spannung hatten. Richtig wäre gewesen, von schneller Technik zu sprechen bei Konzentration der Spannung im Endpunkt der Technik. Wer kann sich nicht daran erinnern, nachdem er einen Oi-Tsuki-Jodan mit Age-Uke geblockt hatte, dass der Partner noch von oben auf den Block Druck ausübte? Entweder ist die Technik geblockt oder der Angreifer hat einen Ippon erzielt. Sobald der Arm gestreckt wurde, ist alles vorbei. Oder, nach der Erklärung, dass es für einen guten Stand wichtig ist, den Schwerpunkt zu senken, wurde die Stellung so tief eingenommen, dass die Beweglichkeit eingeschränkt wurde. Soweit aus der Vergangenheit.

Kazukeiko – Sich Leermachen durch hohe Ausführungszahl von Techniken -
Der Sinn, mit einem Arm 200 Gyaku-Tsuki hintereinander zu stoßen liegt nicht in der Konditionierung der Muskeln, sondern in dem Erlernen, mit einem ökonomischen Einsatz an Muskelkraft viele Techniken von gleichbleibender Qualität durchführen zu können. Gleichzeitig wird durch den minimalen Kraftaufwand der Muskeln auf der Bewegungsbahn der Technik die Geschwindigkeit erhöht und somit die optimale Geschwindigkeit erreicht (Schnelligkeitstraining des Tsukis). Mit voll angespannten Muskeln ist diese Ausführungsform nicht möglich.

Bei dieser Methode, japanisch Kazukeiko genannt, handelt es sich nicht um die monotone Ausführungsform unzähliger Techniken und Kombinationen, sondern Körper und Geist entwickeln eine Geisteshaltung des nicht denken, des Unbewussten. (Mushin- geistiger Vorgang, ohne zu denken handeln). Hieraus resultiert sportlich gedacht eine qualitative hochwertige schnelle Ausführungsform des Tsuki. Der Geist ist auf der Bewegungsbahn der Faust von der Hüfte (Hikite) bis zum Endpunkt der Kime ausgeschaltet. Mit solch einer Geisteshaltung kann, und die Betonung liegt ganz auf kann, man auch kämpfen. Dann kämpft nicht das Ich, sondern das Es. Wenn jetzt noch der im Kihon-Ippon und Jiyu-Ippon Kumite geschulte absolute Angriffswille hinzukommt, hat man schon „gesiegt". Bevor die eigentliche Technik ausgeführt wird, weiß man, dass man damit trifft. Man sieht die Zielfläche und trifft. Die Entscheidung, welche Technik und Schrittbewegung gewählt werden, trifft das Es, das Unbewusste. Für den Karateka heißt das: Kampfmodus – Ippon – Sieg!

Mein Karatefreund Efthimios Karamitsos erzählte mir folgende Begebenheit: "Ich stand im Finale zur Europameisterschaft. Ochi Sensei ließ mich in der Wartezeit auf meinen Einsatz meine Kata immer und immer wieder ausführen. Ohne Pausen. Zwischendurch habe ich kurz Mineralwasser getrunken, insgesamt 5 Flaschen, ohne dass ich auf die Toilette musste. Schließlich wurde ich Europameister. Eine Erinnerung an meinen Auftritt im Finale habe ich nicht. Die war nie vorhanden."

Nach meiner Erfahrung aus der Praxis heraus lassen wir uns in Deutschland bei der Ausführung der Karatetechnik vom Gedankengang einer stark auszuführenden Technik leiten, während Japaner sich bei ihren Techniken von der Geschwindigkeit beflügeln lassen. Um die auf Geschwindigkeit ausgerichtete Technik nachempfinden zu können, empfehle ich folgende Übung: Nimm eine 1 kg leichte Handel in die Hand und führe damit hintereinander 10 bis 20 Gyaku Tsukis aus. Danach 5 bis 10 Techniken ohne Handel. Die jetzt bei der Ausführung verspürte Leichtigkeit, insbesondere dem subjektiven Gefühl, dass die Technik auf dem Weg ins Ziel ohne Muskelanstrengung erfolgt.

Zwingenberg 1998: Walter Rechel, Jörg Rippert, Edward Fujiwara, Tetsuhiko Asai, Peter Bancov und Jochen Harms

1996 Neunkirchen-Vluyn: Tetsuhiko Asai, Bruno Koller und Toni Dietl

09 Die Biomechanik der Karate-Technik

Nach biomechanischer Beschreibung dient eine Karatetechnik der Erzeugung maximaler Bewegungsenergie durch optimal koordinierte Höchstgeschwindigkeiten (Maximalbeschleunigung) mit möglichst vieler Massenteile (Ganzkörperbewegung) auf dem kürzesten Weg zum und mit kleinster Auftrefffläche im Wirkungsort (Konzentration auf den Punkt) und deren Umwandlung in maximale Verformungsarbeit ohne Verluste durch Übertragung von Bewegungsenergie auf den Gegner oder Federungsarbeit im eigenen Körper (Ganzkörperspannung). Sowohl Ganzkörperbewegung als Ausgangspunkt, als auch Ganzkörperspannung als Endpunkt einer Karatetechnik, benutzen die Hüfte als biomechanisches Zentrum, von dem alle Aktionen ausgehen. Hara (Tanden) als „innerer Schwerpunkt" oder physikalischer Körperschwerpunkt des Menschen befindet sich ungefähr zweifingerbreit unterhalb des Bauchnabels und demnach im Hüftbereich. Hara gilt als das Zentrum der körperlichen und geistigen Kraft. Hara verkörpert die „Mitte" des Menschen mit Haltung, Spannung und Atmung. Jede Bewegung des Körpers, also auch jede Karatetechnik, soll im Hara entstehen und im Hara enden. Jede Handlung erfolgt aus dem Hara heraus und mit Hara. In allen Situationen gilt es Hara zu finden, einzusetzen und zu bewahren. Denke bei der Ausführung der Karatetechnik nicht an Kraft, starke Technik oder starke Anspannung in der Endphase der Technik, das macht die ausführende Technik durch deinen Geist langsam. sondern bemühe dich immer die Technik mit höchster Geschwindigkeit und Korrektheit auszuführen. Der Gedanke an die schnelle Ausführung der Technik sollte dich im Training leiten

10 Die Atmung in der Technik - Hara -

Wir unterscheiden zwischen der Atmung des Brustkorbs, die Schultern heben und senken sich deutlich, und der Bauchatmung über das Zwerchfell. Für die Ausführung der Karatetechniken, überhaupt für alle Budo Techniken, ist die Zwerchfellatmung erforderlich. Um die Unterschiede der Atmungen zu verdeutlichen, lässt man die Karateschüler die einzelnen Atmungsarten abwechselnd ausführen. Bei der Zwerchfellatmung lässt man zusätzlich noch die flache Hand auf den Bauch legen, um zu spüren, wie die Bauchdecke sich hebt und senkt. Als nächster Schritt wird Seiken-Choku-Tsuki in Shizentai ausgeführt. Zunächst wird bewusst eingeatmet und die Karatekas achten drauf, dass die Bauchdecke sich wölbt. Bei Ausführung der Technik ist dann der Hara gespannt und die verbleibende Luft im Bauchraum entspricht dem Optimum. Danach wird der gesamte Körper zunächst wieder entspannt und die Übung beginnt von vorn. Unterstützend können die Karatekas bei der Ausführung der Technik das Wort „Hei" aussprechen. Hierdurch kann vermittelt werden, wie sich der Kiai aus der Technik heraus ableitet. Als nächstes wird die gleiche Übung in Zenkutsu-Dachi mit Oi-Tsuki ausgeführt. Entscheidend ist, dass nach jeder ausgeführten Technik der gesamte Körper sofort wieder ganz entspannt wird. Die Kata Sanchin aus dem Goju-Ryu-Stil hat sich als sehr hilfreich zum Erlenen der Atmung mit dem Hara erwiesen.

11 Karatetechnik - Mehr sein als Schein!

Es ist falsch, die Karatetechniken von ihren Äußerlichkeiten her zu bewerten. Damit meine ich nicht die Ästhetik und Dynamik der Technik, sondern zum Beispiel eine hohe Fußtechnik, wobei der betreffende Athlet nie gelernt hat, diese Technik korrekt am Partner anzuwenden, geschweige denn im sportlichen Wettkampf eine Wertung zu erzielen. Oder, in der Kata einen tiefen Stand, wodurch eine gewisse Ästhetik entsteht, der Stand aber bei genauerer Betrachtungsweise falsch ist. Bei der Karatetechnik kommt es darauf an, die Fähigkeit zu besitzen, sie zu praktizieren. Die Bewegung und Technik müssen einen Bezug zur Realität haben. Ein anderes Bewertungskriterium der Karatetechnik – hohe Fußtechnik ohne Fähigkeit der Anwendung - bedeutet nur äußere Ausdrucksform der Beweglichkeit und der Zurschaustellung als technische Fertigkeit ohne Sinn.

Grundlegend für die Ausführung der Karatetechniken sind die anatomischen Gegebenheiten eines jeden einzelnen. Hohe Fußtechniken sind davon abhängig, wie die Kugelgelenke der Oberschenkel von Geburt an in die Gelenkpfannen des Hüftgelenks positioniert sind. Im Klartext: Entweder man hat es, oder man hat es nicht, die Fähigkeit zu hohen Fußtechniken. Wer gegen seine natürlichen körperlichen Voraussetzungen trainiert, verursacht irreparable Schäden an den Gelenken. Daher sollte jedem Athleten bekannt sein, wie seine persönlichen anatomischen Voraussetzungen für seine spezifischen Karatetechniken sind.

Chieko begann in Deutschland mit dem Karate und konnte von Anfang an mit Leichtigkeit hohe Fußtechniken ausführen.

12 Anmerkungen zum Kumite

Da es keine schriftlichen Quellen über die Entstehung und Entwicklung der einzelnen Kumiteformen gibt, kann darüber nur spekuliert werden. Die im Shotokan praktizierten Kumiteformen entstanden vermutlich in den 30er und 40er Jahren unseres Jahrhunderts. Zu dieser Zeit war Yoshitaka Funakoshi, Sohn des Gichin Funakoshi, Cheftrainer im Shotokan-Dôjô. Vermutlich auf Drängen der Schüler und begünstigt durch die politische Situation der Zeit, Japan expandierte aggressiv und bereitete sich auf einen möglichen Krieg vor, wurde der Gedanke des freien Kampfes in der Übungsform in die Praxis umgesetzt.

Die ursprüngliche Anwendungs- bzw. Trainingsform der Karatetechnik war das Kata-Bunkai (Üben von Sequenzen aus einer Kata als praktische Anwendung)

Bei der Entwicklung der halbfreien und freien Kampfformen bestand zunächst das Problem, wie kann eine Möglichkeit geschaffen werden, mit wirkungsvollen Techniken in partnerschaftlicher Form realistisch zu trainieren oder sogar zu kämpfen. Für die halbfreien Kumiteformen bedeutete dies, dass die Techniken selbst und ihre jeweilige Trefferregion bekannt gegeben werden und im freien Kampf die Technik zurückgezogen und damit auch die Energie wieder zurückgenommen wird.

Im realen Budô war es das Ideal, den Gegner mit einer einzigen Technik zu töten oder zumindest kampfunfähig zu machen. Auf eine zweite Chance konnte man sich nicht verlassen, da man sonst selbst unter Umständen der Unterlegene und damit der Getötete war. Shôbu Ippon bedeutet nichts anderes als zeige einen vollen Punkt und damit Tod.

Kampfkunst heißt, dass sich die Wirkung meiner Kampftechniken aus der anspruchsvollen Beherrschung meiner Technik bei der Ausführung herleitet. Ziel ist nicht durch primitives aufeinander einschlagen den Kampf durch die Überlegenheit mittels meiner körperlichen Stärke zu entscheiden, sondern durch das hohe Niveau der technischen Fertigkeit (Kunst in Form von Kampftechnik) den Kampf schnell (sofort), mit relativ geringem körperlichem Aufwand, für mich zu entscheiden. Da es sich in der Übungsform (Training) um ein bewusstes Erstreben einer technischen Fähigkeit handelt mit dem Ziel, diese durch jahrzehntelanges Praktizieren zu vervollkommnen und auch Ästhetik und Kreativität zum Erfolg im Kampf beträgt, wird der Gedanke Kampf als Kunst bestätigt.

13 Essay über das Sport- und Wettkampfkarate

Das Karate erfolgt als Wettkampfsport in den Disziplinen Kumite und Kata. Wer sich ernsthaft im Spitzensport für die Disziplin Kumite entschieden hat, dem wird keine Zeit verbleiben, sich dauerhaft mit der Disziplin Kata oder anderen Bereichen des Karatespektrums zu befassen. Sowohl in der Disziplin Kumite und Kata sind anspruchsvolle technische und körperliche Höchstleistungen erforderlich.

In der Disziplin Kumite ist festzustellen, dass der Kampfstil und das Wertungskriterium im sportlichen Wettkampf, wie er innerhalb der WKF betrieben wird und dem der Stilrichtung Shotokan der Japan Karate Association (JKA) verschieden sind. Diese beiden Systeme können und sollen auch nicht danach bewertet werden, welches System besser oder schlechter ist, sondern es kann nur festgestellt werden, dass sie unterschiedlich sind. Je nachdem, in welchem System man Erfolg haben will, muss entsprechend unterschiedlich trainieren.

Der einzelne Athlet kann mit seinem stilrichtungsbedingten Kampfstil im anderen System nur sehr schwer bestehen, sprich Erfolg haben. In der Stilrichtung Shotokan ist es möglich, den Wettkampf mit einer einzelnen Technik - Ippon - für sich zu entscheiden, dem entsprechend ist das taktische Verhalten auf der Kampffläche und das Wertungskriterium für die Technik. Es wird daher länger taktiert, denn ein Angriff, welcher erfolgreich gekontert wird, kann die sportliche Niederlage bedeuten.

Das Sport- und Wettkampfkarate in der Disziplin Jiyû Kumite (Freikampf) hat mit dem sog. praktizieren von traditionellem Karate (JKA) nichts zu tun. Hier sollten wir als Trainer der Wahrheit ins Auge sehen. Somit muss ich mich als verantwortlicher Trainer vor allem fragen, was will ich sportlich erreichen und wie komme ich dorthin. Alle Facetten des Karate im Training abzudecken, bedeutet die Quadratur des Kreises. Vielmehr sollten wir die Vielfalt des Karate als positive Entwicklung sehen, möglichst vielen Menschen mit unterschiedlichsten Intentionen einen Weg zu eröffnen, Karate zu praktizieren. Das Wettkampf- oder Sportkarate sehe ich nicht als eine Weiterentwicklung vom sogenannten traditionellen Karate, sondern als eine Facette des Karate.

Der Kampfstil nach dem Wettkampfreglement der WKF ist vergleichbar mit dem Leichtkontakt-Karate der 70er Jahre des vorherigen Jahrhunderts. Das technisch taktische Verhalten – Kampfstil – im Kumite wird bestimmt durch das Wertungssystem. Aber auch das Kriterium der Vergabe der Wertungen für die dargebotenen Techniken beeinflusst das angewendete Technikniveau. Es ist zu beobachten, dass es vor allem auf das richtige Timing und Distanzgefühl ankommt, mit welcher ein Treffer - Wertung- gesetzt wird. Die Qualität der Technik selbst spielt eine untergeordnete Rolle. Die Fausttechniken werden geschoben und nicht mehr arretiert. Auch die Wahrung von Zanshin ist nur noch bedingt gefordert. Wer nach einem Jodan Keri das Gleichgewicht etwas verliert, erhält trotzdem seine Wertung. Zanshin ist gewahrt, solange der Wettkämpfer sich nicht absichtlich abdreht. Die Kampfrichtergeste Technik zu schwach im traditionellen Sinn gibt es nicht mehr in diesem System. Meine Anmerkungen beziehen sich hier auf die Praxis im Wettkampf und nicht nach dem bestehenden Regelwerk. Hier gibt es natürlich noch die Kriterien Zanshin oder, dass die zu wertende Technik Merkmale von möglicher Effektivität innerhalb traditioneller Karatebegriffe aufweisen sollte. Effektivität im traditionellen oder besser ursprünglichen Sinn ist, dass die Technik Trefferwirkung beinhalten soll.

Zusammenfassung:

Das technisch taktische Verhalten der Athleten wird bestimmt durch

- das Wertungssystem
- die Bereitschaft und die Fähigkeit der Kampfrichter Wertungen zu geben
- das allgemeine technische Niveau der Athleten
- Wettkampferfahrung des Athleten

Im Sport- und Wettkampfkarate haben sich die Techniken auf wenige effektive Ausführungen reduziert. Zunächst ist es die Analyse des Wettkampfsports, mit welchen Techniken erhalten die Athleten Wertungen und wie ist die Ausführungsform dieser Techniken. Die Fausttechniken sind blitzschnell geschobene Techniken, wobei die Faust im Schaumstoffschützer nicht mehr fest geschlossen ist. Die derzeitige Konzipierung des Faustschützers verleitet zum permanenten Öffnen der Fäuste. Die Fußtechniken beschränken sich auf Mawashi-Geri und im Einzelfall auf Ura-Mawashi-Geri. Hinzu kommen noch Fußfeger und Wurftechniken. Vom Technikrepertoire ist das nicht sehr viel. Bei den Schrittbewegungen, der Beinarbeit, kommt es vor allem auf die Beherrschung von Steppbewegungen, Gleit- und Übersetzschritten an. Gerade beim Steppen benötigt man sehr gutes Körpergefühl und Verständnis für die Ausführung, um sich damit optimal bewegen zu können. Das Steppen muss zu 100 Prozent beherrscht werden, da es sonst schnell in ein Herumgehopse abdriftet. Das im Trainingsbetrieb permanente geübte seitliche Ausweichen mit Kontertechnik kommt so im Wettkampf nur sehr selten vor. Allgemein ist im Wettkampf zu verzeichnen, dass auf jede Angriffstechnik aus der Position, in der man sich gerade befindet, irgendwie mit einer Fausttechnik reagiert wird. Mit kluger Kontertechnik hat dies nichts zu tun. Aus dieser Perspektive leite ich meine Überlegungen für eine Trainingskonzeption im Wettkampfsport ab. Welche Vorteile kann ich aus der Ausführungsform der Techniken des JKA-Karate in die Ausführungsform des Sportkarate mit einfließen lassen. Für welches Technikrepertoire und Trainingsmethode entscheide ich mich, um in der Disziplin Jiyu-Kumite im Sportkarate erfolgreiche Athleten hervorzubringen. Aus jahrzehntelanger Erfahrung bin ich der Überzeugung, dass große Teile der Grundschulkombinationen und auch die sog. halbfreien Kumiteformen (Kihon-Ippon Kumite/ Jiyu Ippon Kumite) dafür unbrauchbar sind. Einmal, weil nicht die erforderliche Beweglichkeit für das Sportkarate durch dieses Training erreicht wird und zweitens Technikkombinationen der Grundschule einfach von der Anwendung als Technik im Wettkampf keinen Nutzen bringen. Bestenfalls können die Technikkombinationen der Basistechniken (Grundschule) zum Aufwärmen und Stärkung der Muskulatur mit in die Trainingsgestaltung einbezogen werden.

Im sportlichen Wettkampf geht es darum, mit den Techniken Wertungen zu erzielen, um so den Kampf zu gewinnen. Es geht nicht darum, von der Trefferwirkung her qualitative kontrollierte Techniken auszuführen, welche im Ernstfall zu einem körperlich schädigendem Ereignis geführt hätten. Das ist der Übergang von der Ernsthaftigkeit der Karate-Technik zum reinen sportlichen Karate, mit all seinen positiven Aspekten der Fairness und dem Verlust der Angst vor ernsthaften Verletzungen. Ich selbst war mehrfach Augenzeuge bei Wettkämpfen in den 70er und Anfang der 80er Jahren, als Schneidezähne über die Kampffläche flogen (Anmerkung: der Autor selbst hat beim lockeren Randori zwei Schneidezähne verloren. Kommentar meines Trainers: „Du bist mir reingelaufen, hoffentlich entzündet sich meine Hand nicht!"). In den Berichten zu Wettkämpfen war dann im Fachorgan Sätze wie „…es waren nur wenige Verletzungen zu verzeichnen Und auch die im traditionellen Karate verwendete Sprechweise, die Technik wird kurz vor dem Ziel abgestoppt ist falsch. Ein Athlet, welcher mit einer so beschriebenen abgestoppten Technik trifft, hat durchgeschlagen.

Ich selbst habe in Japan trainiert und die Technikausführung war ausschließlich auf Geschwindigkeit ausgelegt. Zu Beginn des Trainings jeweils rechts und links 400 Armtechniken hintereinander; anschließend jeweils 200 Mae-Geri mit jedem Bein. Aus eigener Erfahrung, damals als austrainierter Athlet, würde ich die Ausführungsform dieses anaeroben Intervalls als körperlich anstrengend bezeichnen, habe jedoch gegen Ende der Ausführungen dies nie als völlige körperliche Erschöpfung empfunden. Der Gedankengang bei der Ausführung ist immer schnell, locker und korrekt. Sobald ich die gleiche Technikkombination mit voller Muskelanspannung schon beim Start der Technik ausführte, war nach 100 Armtechniken der Erschöpfungszustand erreicht, welchen ich sonst bei schneller lockerer Ausführung bei der 400. Armtechnik verspürte. Das Training am Makiwara erfolgt im Hinblick darauf, ein Gefühl für das Treffen und die Technik insgesamt zu entwickeln. Im Fußball nennt man das Ballgefühl. Die Karatetechnik kann aufgrund dieser Übungsform im Augenblick des Kontakts sofort wieder zurückgezogen werden. Nach einiger Zeit kann ich die Technik in ihrer Ausführungsform dosieren. Im sportlichen Vergleich bedeutet dies, dass ich mit der Intention einen Treffer erziele, um eine Wertung zu erhalten bei Verzicht auf Trefferwirkung.

Die Fähigkeit mit einer kontrollierten (dosierten) Technik zu treffen setzt sich zusammen aus dem Distanzgefühl, dem Erfahrungswert aus dem Training (Häufigkeit der so trainierten Ausführungsform) und der Reaktionszeit nach dem Kontakt. Die Faustschützer mit den 4 Schlaufen für die Finger schützen nicht durch die Stärke der Polsterung (1,5 cm) vor Verletzung, sondern sie erhöhen die Reaktionszeit, um die Technik wieder zurückzuziehen und damit die Technik besser zu dosieren. Der Impuls des Kontakts wird durch den Faustschützer um Bruchteile einer Sekunde früher an unser Gehirn gesendet, so dass die Reaktionszeit für den programmierten Befehl die Faust nach dem Kontakt zurückzuziehen verkürzt wird.

Die derzeit nach WKF-Richtlinie verwendeten Faustschützer für den Wettkampf bewirken durch die Stärke des Schaumstoffs bedingt, dass eine fortwährende geschlossene Haltung der Faust nicht mehr möglich ist. Auch wenn der Aufwand die Faust zu schließen mit diesen Schützern als sehr gering zu bezeichnen ist, reicht dieser jedoch aus, dass der Athlet die Hand permanent in gelöster Faustposition hält. Aus dieser Haltung entwickelten sich die derzeit beim Wettkampf praktizierten schnell geschobenen Fausttechniken. Meine Analyse von im Internet eingestellten Fotos von Wettkampfszenen, wo Athleten mit Fausttechniken punkten ist zu erkennen, dass die Handgelenke sehr oft in der Endphase der Technik nach unten oder nach oben gebogen sind. Für die Erteilung einer Wertung hat dies keine Relevanz, zumal dies aufgrund der Geschwindigkeit der Techniken für die Kampfrichter nicht zu erkennen ist. Ohne Faustschützer ausgeführt sind diese Techniken für nichts anderes mehr zu verwenden.

Auszüge aus dem DKB-Fachorgan bezüglich Verharmlosung von Verletzungen bei Wettkämpfen:

*DKB-Fachorgan, 2/75, Seite 10: Dr. Fritz Wendland im Bericht über die North Wales Championships 1976. „Das technische Niveau lag etwa bei dem des DKB. Allerdings wurde beim Kämpfen gut zugelangt, man sah etliche Zahnlücken von früheren Fights. Da scheint man in England nicht so pingelig zu sein. Ernsthafte Verletzungen traten bei diesem Mammut-Turnier jedoch nicht auf. Wegen aufgerissenen Lippen oder eines herausgefallenen Zahnes hörte auch niemand auf."

*DKB-Fachorgan, 4/76, Seite 19: „Gute und spannende Kämpfe ohne ernsthafte Verletzungen, ließen die gebotenen Leistungen großen Anklang bei den Zuschauern finden."

*DKB-Fachorgan, 3/80, Seite 23 „Lobenswert bei dieser Meisterschaft war der reibungslose Ablauf, gute Kampfrichterleistungen und last not least recht ordentliches, gekonntes Karate, sodass es zu keinen nennenswerten Verletzungen kam."

Anmerkung der Autors: Ausgeschlagene Zähne, aufgeplatzte Lippen, „blaue Augen" und sonstige Hämatome fielen in den 70ern und Anfang der 80er Jahre bei Meisterschaften in die Kategorie „Nicht nennenswerte Verletzungen".

1996 Sommerlehrgang in Ravensburg. Wir feiern den 40. Geburtstag von Efthimios. Links: Peter Betz, Wolfgang Findor, Gundi Günther und Charly Pfänder. Rechts. Michael Gißler, Helmut Spitznagel, Efthimios Karamitsos und Jochen Harms

1996 EM Istanbul, Peter Betz, Günter Mohr, Jochen Harms und Efthimios Karamitsos

Jugendreferent Jochen Harms, BT Efthimios Karamitsos und Sportdirektor Peter Betz

Analyse der Techniken und Bewegungsmuster der potenziellen Gegner:

Gemeinsam mit Tsuguo Sakumoto habe ich 1992 das Bundesleistungszentrum der Fechter in Tauberbischofsheim besucht. Dort begleitete uns Alexander Pusch, der mehrfache Weltmeister und Olympiasieger im Degenfechten, und gab uns fachkundig Auskünfte über Talentförderung und Wettkampfsport. Am interessantesten fand ich seine Aussage über das Talentpotential von Athleten in Prozentzahl: „Am liebsten sind uns die Athleten mit nur 70 Prozent Talentpotential. Die Athleten mit 100 Prozent Talentpotential sind erheblich schwerer bei der Stange zu halten, da sie gerade was die Technikschulung betrifft, sofort alles umsetzen können. Diejenigen, mit erheblich weniger Talentpotential, müssen sich alles hart erarbeiten und wissen daher, um den Wert der Sache." Für den internationalen Wettkampfsport ist mir folgende Aussage in Erinnerung geblieben: „Jeder Athlet hat im Kampf sein spezielles Bewegungsmuster, mit dem er erfolgreich seine Treffer setzt. Wir verfügen von jedem potenziellen Wettkampfgegner unserer Athleten auf internationaler Ebene über Videoaufnahmen und haben deren Bewegungsmuster analysiert. Für diese Bewegungsmuster im Angriff und beim Parieren erstellen wir für unsere Athleten das auf diese Situation optimal passende Bewegungsbild, damit unsere Athleten Wertungen erzielen und den Kampf gewinnen."

Analyse eines Kampfgeschehens während der Olympiade 2021 in Tokyo

Im Finalkampf bei der Olympiade 2021 in Tokyo war der iranische Athlet Sajad Ganjzadeh gleich in den ersten Sekunden des Kampfes durch einen Mawashi-Geri, welcher ihn am Hals traf, zu Boden gegangen und hatte für kurze Zeit das Bewusstsein verloren. Der Athlet aus Saudi-Arabien wurde daraufhin disqualifiziert. Alle Treffer des Turniers wurden in brillanten Zeitlupenaufnahmen wiederholt und konnten so analysiert werden.

Ich habe mir alle Vorkämpfe, einschließlich des Finalkampfs des Sajad Ganjzadeh, noch einmal in aller Ruhe in der Mediathek mehrfach angesehen. Das Bewegungsmuster eignet sich hervorragend als Beispiel eines ritualisierten Bewegungsmuster im Wettkampf. Insbesondere, dass die linke Deckungshand, bevor sie nach unten über das linke Knie positioniert wird, mit dem Daumen seinen linken Nasenflügel berührt. Einem Athleten, welcher im Wettkampf auf diesen iranischen Sportler trifft muss klar sein, dass er genau in diesem Augenblick, wenn der linke Deckungsarm herunter zum Knie geht, mit dem linken vorderen Bein ein Mawashi Geri Konter erfolgen muss. Ich habe dies zum besseren Verständnis geschildert, um die Vorgehensweise der Fechter in Tauberbischofsheim zu verstehen.

Beschreibung des Kampfgeschehens:
Sobald der Kampfrichter den Kampf frei gibt und Sajad Ganjzadeh in die Kampfhaltung geht, nimmt er zwar die linke Deckungshand nach oben, um sie dann aber sogleich wieder nach unten zu nehmen, noch unterhalb des Gürtels über dem linken Oberschenkel. Zuvor berührt er mit dem Daumen der linken Hand den linken Nasenflügel. Sein Bewegungsmuster bei Beginn des Kampfes ist ritualisiert. Und in dieser Position über dem Knie bleibt die linke Hand überwiegend während des Kampfes. Die rechte Hand ist deutlich erkennbar stets positioniert, um einen Fauststoß – Gyaku-Tsuki, sprich Treffer, zu erzielen. Gleichzeitig setzt Sajad Ganjzadeh seinen kompakten Körper dazu ein, Druck auf seinen Gegner auszuüben umso ohne Deckung nach vorne zu stürmen, Fußfeger ausführend und insgesamt irgendwie in der Hoffnung, eine Fausttechnik zu landen. Von Taktik kann man hierbei nicht ansatzweise sprechen. Erst wenn man alle Kämpfe des Athleten gesehen hat und seiner Kampfstil schablonenhaft übereinanderlegt wird klar, dass seine Kampfweise ein

bedenkenloses blindes nach vorne stürmen ist, ohne Deckung und Rücksicht für sich und seinen Kontrahenten.

Da Sajad Ganjzadeh seine linke Hand nicht als Deckungshand verwendet, gingen seine Gegner immer recht früh in Führung. Ungeachtet dessen ging Sajad Ganjzadeh immer wieder blindlings nach vorne und stürmte so ins Finale. Ein Athlet, der blindlings nach vorne stürmt, darauf hoffend, dass es irgendwie schon gut für ihn ausgeht, dadurch seine und die Gesundheit des Gegners gefährdet, handelt regelwidrig. Er muss hierfür verwarnt, oder im Wiederholungsfall disqualifiziert werden. Als es im Finalkampf zu dieser unsäglichen Kampfsituation kam, führte Sajad Ganjzadeh mit dem rechten Arm einen Gyaku Tsuki aus. Dieser Fauststoß hatte aufgrund der Distanz des Athleten nicht die geringste Chance einen Treffer zu erzielen und wurde mit einem Halbkreisfußtritt gekontert. Wer aufgrund zu großer Distanz, einfach so aufs Blaue, und das in einem olympischen Finale, einen Fauststoß ausführt und entsprechend gekontert wird, handelt nicht sehr klug. Die Aktion des Konters mit einem Halbkreisfußtritt erfolgte aus einer legitimen sportlichen Situation heraus. Eine Absicht, den iranischen Athleten mit diesem Halbkreisfußtritt zu verletzten, war nicht erkennbar; offensichtlich wurde die Halsschlagader getroffen, welches einen Schock auslöste. Letztendlich muss man von einem Unglücksfall sprechen, da dieses Ereignis die absolute Ausnahme darstellt. Genaugenommen hat Sajad Ganjzadeh durch seinen unkontrollierten Kampfstil, stets ohne Deckung kämpfend, das Unglück verursacht. Dies ergibt die Analyse seines Kampfstiles aus all seinen Kämpfen bei dieser Olympiade in Tokyo. Die Kampfrichter dieses Finalkampfes standen unter dem Druck, das Karate als Wettkampfsport bei einer Olympiade präsentiert wurde. Einer Kampfsportart, welcher auf Trefferwirkung verzichtet und diese mittels Regelwerk ahndet. Dass auch der unkontrolliert nach vorn stürmende, nicht auf seine körperliche Unversehrtheit achtende Athlet nach Regelwerk disqualifiziert werden kann, wäre im vorliegenden

Fall zwar korrekt gewesen, jedoch auf völliges Unverständnis der Medien gestoßen. Zumal die Kampfrichter nicht die Möglichkeit hatten, das ritualisierte Kampfverhalten des Sajad Ganjzadeh in seinen vorherigen Kämpfen zu analysieren. Sofern man die Kämpfe vorher gesehen hatte, ist dieses Kampfverhalten erst bei der bewussten in Augenscheinnahme aller Kämpfe auffällig.

Optimierung der Techniken

Grundvoraussetzung für die Optimierung der Techniken für das Wettkampfgeschehen ist das analytische Wissen, wie die jeweilige Technik in ihren Einzelheiten ausgeführt wird und auch die Fähigkeit visuell zu erkennen, wie der zu trainierende Athlet diese ausführt. Da es im Karate keine Geheimtechniken gibt, sondern alles auf sportwissenschaftliche Erkenntnisse und Können beruht, ist der Athlet in dieses Geschehen mit einzubeziehen. Das heißt, der Athlet muss von dem, was bei der Ausführungsform der Technik von ihm verlangt wird zu 100 Prozent überzeugt sein und wissen, welches Ziel damit erreicht werden soll.

14 Mit Tetsuhiko Asai auf Deutschland-Tour

Während seiner Deutschlandreise in den KJ 1997, 1998 und 2002 für jeweils 2 Wochen konnte ich Karatelegende Tetsuhiko Asai begleiten. Wir waren praktisch den ganzen Tag zusammen und von Anfang an hatte ich mir fest vorgenommen, dass Thema Karate nicht anzuschneiden. Ich dachte mir, wer von morgens bis abends alltäglich mit Karate konfrontiert wird ist froh, wenn er in einem anderen Land mal etwas ausspannen kann. Aber Asai Sensei fing immer wieder von selbst mit dem Thema Karate an und erzählte mir internes über die JKA und die sportpolitischen Hintergründe und Gegebenheiten, welche ich für mich behalten werde. Ich denke Asai Sensei war froh, alles mal jemanden erzählen zu können in der Gewissheit, dass diese Person weit genug von Japan weg ist, um diese Informationen sportpolitsch zu verwerten. Die Spaltung der JKA hatte ihn sehr belastet. Asai Sensei war anfangs der 60er mehrere Jahre in Hawaii und wurde hier offensichtlich westlich geprägt in seiner offenen Art. Aus dieser Zeit stammt auch die Freundschaft zu Edward Fujiuwara, welcher uns bei der ersten Reise begleitete. Wir alle drei haben viel zusammen gelacht. Von DKV-Präsident Roland Hantzsche war über Edward Fujiwara, Hawaii, der Kontakt zu Asai Sensei hergestellt worden.

Wir haben uns auch viel über das Praktizieren des Karate unterhalten. Wie oben bereits erwähnt, ich habe nie von mir aus das Thema Karate angeschnitten, es kam immer von Asai Sensei selbst zur Sprache. Asai Sensei ging es bei seinen Lehrgängen in Deutschland um die Anwendung der Karatetechniken in der Praxis, also Selbstverteidigung, und um die Verbreitung der Katas Jun Ro Shodan bis Godan, einschließlich Haji Mon und.

Wir hatten gerade die Burg Eltz besichtigt und saßen in der Restauration auf einer Bierzeltgarnitour und hatten das Thema Selbstverteidigung. Ich fragte ihn, welches seines Erachtens die beste Kampfposition für Selbstverteidigungssituation wäre. Asai Sensei saß mir gegenüber und antwortete: „Greif mich an!" Will heißen: Die beste Verteidigungsposition ist die, in der ich angegriffen werde. Und es war auch der absolut passende Tonfall, in dem Asai Sensei mir antwortete.

15 Mentale Einstellungen in den Kumite-Formen! (von Tetsuhiko Asai)

„Im Kumite-Training selbst gibt es keine Freundschaften. Auch gibt es keine Freundschaften während des Kämpfens. Also, wenn du Karate als wahre Kampfkunst erlernen möchtest, musst du mit einer ernsthaften, geistigen Einstellung von Anbeginn deines Trainings arbeiten. Zum Beispiel wenn du Yakusoku-Kumite* ausführst, muss der Angreifer darauf abzielen, den Verteidiger wirklich zu treffen. Beide müssen aus einer korrekten „Maai" attackieren, nicht zu weit weg und nicht zu nah. Das ist der allerwichtigste Punkt bei den Kumite Übungsformen Wenn man diesem Prinzip nicht präzise folgt, dann verschwendet man einfach nur seine Übungszeit. Natürlich muss man den gesunden Menschenverstand einsetzen, wenn man mit weniger Erfahrenen oder physisch Schwächeren trainiert, aber auf einem höheren Level gibt es keine Ausreden, wenn man mit einem Stärkeren nicht zu Recht kommt. Wenn man abwehrt oder einen Gegenangriff ausführt, darf man keine Angst haben, man muss einen starken angstlosen Geist entwickeln. In die Angriffsdistanz des Gegners gehen ohne vorgefassten Gedanken, das war mein Weg, als ich noch an Wettkämpfen teilnahm. Es war mir egal, ich reagierte einfach. Das ist essenziell und muss in jedem Karateka entwickelt werden. Deshalb lehre ich immer, das Wegrennen immer gefährlicher ist, als in das Kampfgeschehen hineinzugehen. Alles Schritt für Schritt, die Trainer jedoch haben die Verantwortung, ihre Schüler physisch und mental stark dorthin zu führen. Glücklicherweise sind die meisten stark, aber einige benutzen ihr Alter oder ihre hohe Graduierung als Ausrede und das ist nicht zu akzeptieren. Gerade höher graduierte Karatekas müssen sich, unabhängig von ihrem Alter, auf ihre überragenden Techniken verlassen können, um Stärke, Größe und Jugendlichkeit überwinden zu können. Das ist Karate und das ist der Zweck aller technischen Fertigkeiten. Instruktoren müssen jeden Tag selbst trainieren!"

Die Kampfübungen von Gohon Kumite, Kihon Ippon Kumite, Jiyû-Ippon Kumite, Okuri-Ippon Kumite und Kaeshi-Ippon Kumite werden als Yakusoku Kumite bezeichnet. Das Wort Yakusoku bezeichnet spezifisch ein Abkommen oder Versprechen und fordert vom Angreifer, den Angriff in der zuvor angesagten Technik auszuführen. Ebenso wird vom Verteidiger gemäß dem Abkommen ein entsprechendes Verhalten erwartet. *Yakusoku Kumite – abgesprochene Kampfübung

16 Kampfkunst

Kampfkunst heißt, dass sich die Wirkung meiner Kampftechniken aus der anspruchsvollen Beherrschung meiner Technik bei der Ausführung herleitet. Ziel ist, nicht durch primitives aufeinander einschlagen den Kampf durch die Überlegenheit mittels meiner körperlichen Stärke zu entscheiden, sondern durch das hohe Niveau der technischen Fertigkeit (Kunst in Form von Kampftechnik) den Kampf schnell (sofort) mittels einer einzigen Technik und mit relativ geringem körperlichem Aufwand, für mich zu entscheiden. Da es sich in der Übungsform (Training) um ein bewusstes Erstreben einer technischen Fähigkeit handelt mit dem Ziel, diese durch jahrzehntelanges Praktizieren zu vervollkommnen und auch Ästhetik und Kreativität zum Erfolg im Kampf beiträgt, wird der Gedanke Kampf als Kunst bestätigt.

17 Kampfgeist

Kampfgeist ist die emotionale Akzeptanz den Kampf anzunehmen und im Augenblick des Kämpfens nichts anderes zu wollen als zu kämpfen und den Kampf für sich zu entscheiden. Es kämpft das Es und nicht das Ich. Das Es lässt die erworbenen technischen Fähigkeiten fließen – intuitiv - und kommt so zur richtigen Entscheidung, welche Technikausführung notwendig ist, um den Kampf zu entscheiden. Das Ich als Gedanke im Kampf („welche Technik soll ich anwenden; ist das gefährlich; soll ich jetzt angreifen!")

verzögert und blockiert die erforderliche Ausführung der Kampftechnik. In der idealen geistigen Haltung fühlt der Kämpfer im Augenblick des Kämpfens, dass er den Kampf für sich entscheiden wird. Wer den Kampfgeist verliert gerät in die Haltung, dass der Kampf nun endlich zu Ende gehen sollte, unabhängig welche Konsequenzen (Niederlage, Tod) es für ihn bedeutet.

18 Die Angst überwinden

Die Angst wird durch das Kämpfen und den Übungen in den halbfreien Kampfformen (Kihon Ippon Kumite, Jiyû Ippon Kumite usw.) überwunden. In der Kampfübung: Wir verbeugen uns, mein Partner sagt die Angriffstechnik an und greift mit dem Willen zu treffen an. Die Technik hat die Qualität der Trefferwirkung. Noch mal zur Wiederholung: Die Ernsthaftigkeit, mit der mein Gegner mich oder ich ihn angreife, ist bedingt durch den Willen, mit meiner Technik zu treffen. Da wir beide auf dem gleichen Niveau die Technik beherrschen, kann nichts passieren. Durch das Ritual ist die Übung vor Eskalation geschützt. Werde ich getroffen bzw. kommt es zu einem härteren Kontakt bei der Ausführung, so habe ich mich durch das Einlassen in das Ritual hierfür mein Einverständnis gegeben. Nach der Ausübung der Form verbeugen wir uns wieder. An dieses Praktizieren habe ich mich stufenweise herangearbeitet. Beim Kämpfen kommt es nicht darauf an, wie viel man austeilt, sondern wie viel man einstecken kann. Und nur wer sich dieser Herausforderung über einen längeren Zeitpunkt ernsthaft gestellt hat, entwickelt diese karatespezifische Haltung. Ohne sich seinen Ängsten innerhalb des Karatetrainings jemals gestellt zu haben, entwickelt man diese Haltung nicht. Diese Haltung kann man nicht beschreiben, sondern nur erfahren. Natürlich kann man Karate auch aus anderen Beweggründen betreiben: Fitness, Breitensport, Gesundheit und sportlicher Wettkampf. Aber das ist etwas völlig anderes als die von mir beschriebene innere Haltung.

2000, Jochen Harms mit Tetsuhiko Asai auf Deutschlandtour

Tetsuhiko Asai mit Ehefrau in Oberwesel am Rhein

1997, Tetsuhiko Asai mit Ehefrau auf der Schönburg in
Oberwesel am Rhein

19 Das Treffen mit der Karatetechnik in den Kumiteformen

Als ich Anfang der 70er Jahre mit dem Karate begonnen habe, wurde gelehrt, in den Kumiteformen Gohon Kumite, Kihon-Ippon Kumite und Jiyû-Ippon Kumite anzugreifen mit der Intention zu treffen. Das wird auch heute noch so gelehrt. Nur steht darüber heute das Damoklesschwert der kontrollierten Technik. Kontrollierte Technik ist gut und richtig. Wer in den 70er Jahren im Bushido Köln bei Horst Handel oder in Frankfurt im SC Judokan (Wolfgang Steiger, Shinseki Takano, Yasukasu Murai, Risto Kiiskilä) in der Schwanthaler Straße trainiert hat weiß, dass es im Jiyu-Ippon-Kumite und Randori in erster Linie ums „Überleben" ging. Nur wer dies aktiv miterlebt hat kann nachvollziehen, was hier gemeint ist. Und da war auch der eine oder andere Psychopart im Training dabei. Ich erinnere mich an W.M. der sammelte „Nasenbeine". Sobald man das realisierte, musste man nur dagegenhalten. Einfach ebenfalls voll reinschlagen. Dann bricht bei solchen Typen der Kampfgeist sofort zusammen, denn das sind Angstbeißer. Die suchen sich im Training nur die Schwachen aus.

Was möchte ich damit sagen: Meines Erachtens gehört zum Praktizieren des Karate in den Kumite-Formen auch die Ausführungsform des Willens mit der Angriffstechnik zu treffen. Das Verbeugungsritual vor der Kumite-Übung beinhaltet für den Karateka, sich in diese Art der Ausführungsform einzulassen. Die Verbeugung nach Ausführung beinhaltet, dass jetzt alles wieder so ist wie vorher, unabhängig, was innerhalb dieser Kumite-Ausführungsform geschehen ist. Hierdurch wird die rituelle Gewaltausübung innerhalb der Karatetechnik kanalisiert. Die Urform der Karateausführung ist die Kata und das dazugehörige Bunkai. Die halbfreien Kumite-Ausführungen wie Gohon-Kumite, Kihon-Ippon Kumite, Jiyû-Ippon-Kumite, Randori und auch der Freikampf (Jiyû-Kumite) sind erst neueren Datums kreiert worden.

These: „Der Sinn der Technikausführung im Karate-Freikampf (sportlichen Kräftemessen) besteht darin, beim Übungspartner mit einer schnellen dynamischen Technik ins Ziel zu kommen, welche ihn in der Realität der Selbstverteidigung kampfunfähig machen würden. Kurz vor dem Zielpunkt wird die Technik kaum wahrnehmbar arretiert und wieder zurückgezogen, um Verletzungen zu vermeiden." Solange die Arretierung des gestreckten Armes bei der schnellen Ausführung des Tsukis noch wahrgenommen wird, ist die Technik zu langsam und erfüllt bei einem Kontakt das Kriterium des Durchgeschlagen.

Im Ernstfall bleibt die Technik für den Bruchteil einer Sekunde auf der Trefferfläche, um Wirkung zu erzielen. Im sportlichen Freikampf wäre diese Ausführungsart der Technik viel zu langsam. Im Training und Wettkampf wird die Technik nach dem Körperkontakt sofort wieder zurückgezogen. Durch dieses Zurückziehen kontrolliere und vor allem dosiere ich die Wirkung meiner Technik.

Und es muss auch ernsthaft die Frage gestellt werden, wie viel oder wie wenig kommt es zu Kontakt und Verletzungen bei der Ausführung der Kumite-Übungsformen Kihon-Ippon Kumite und Jiyû-Ippon Kumite mit der Intention zu treffen, proportional zur Anzahl der ausgeführten Angriffe und den hierbei hervorgerufenen Verletzungen. Ich verfüge hierüber nicht über eine empirische Untersuchung und beantworte die Frage aus meiner über 50jährigen Karatepraxis heraus: Die Verletzungen sind von der Anzahl her als sehr selten zu bezeichnen. Die Verletzungen beschränken sich auf Hämatome, insbesondere auf den Unterarmen, Risse im inneren Mundbereich unter der Unterlippe, wenn bei einem Kontakt dieser sensible Bereich gegen die Zähne gedrückt wird. Die innen aufgerissen Lippen schmerzen ca. eine Woche beim Zähneputzen. Das war es aber auch schon. Schneidezähne verliert man beim Kontakt, wenn der Mund geöffnet ist und die Faust direkt den Zahn trifft. In der Regel bricht der Zahn dann zur Hälfte ab und der untere Teil des Zahnes zerteilt sich in kleine Splitter, wie beim Zerspringen von Porzellan. Sehr viel schlimmer können die Folgen an der so verletzten Faust sein, da durch den Zahnkontakt es zu Infektionen kommen kann. Und sollte der geneigte Leser sich jetzt fragen, woher ich das alles weiß, dann antworte ich: alles am eigenen Leib erfahren. Das ist das Karate der Japan Karate Association, wie ich es von 1971 bis 1992 praktiziert habe. Danach ließ ich es etwas lockerer angehen.

Die halbfreien Kumiteformen wurden in den 70er und 80er Jahren in der Stilrichtung Shotokan statisch und mit voller Muskelanspannung ausgeführt. Nachdem der Oi-Tsuki bereits geblockt war, wurde von oben noch auf den abwehrenden Unterarm gedrückt. Unter Härte der Kontertechnik verstand man vor allem das feste Draufhauen mit der Abwehrtechnik, damit die anschließende Kontertechnik umso leichter stark ins Ziel gebracht werden kann und der Kampf „siegreich" beendet wird. Es wurde gelehrt, die Abwehrtechniken hart auf schmerzempfindliche Stellen zu schlagen, um so die Reaktionszeit für eine Folgetechnik des Angreifers zu verlängern. Die Vitalpunkte am menschlichen Körper zu kennen und in der Selbstverteidigung dieses Wissen bei der Abwehrtechnik einzusetzen, ist eine andere Sache.

Aus diesen Erfahrungen des Draufhauens werden heutzutage vernünftigerweise diese halbfreien Kumiteformen sehr moderat durchgeführt. Die Dynamik der Angriffstechnik hat hierdurch gelitten. Es wurde nie gelehrt, dass durch die hohen Wiederholungszahlen der Techniken, so wie es die Japaner trainieren, diese auf dem Weg ins Ziel locker ausgeführt werden und daher mit leichtem schnellen touchieren der offenen Hand abzuwehren sind. Im Hôzôji Dôjô fand dreimal in der Woche das Training statt: dienstags, donnerstags und samstags von 19:00 Uhr bis 20:00 Uhr. Nach der zweiminütigen Gymnastik wurde mit jedem Arm jeweils 200 Gyaku-Tsukis und Age-Ukes; anschließend 200 Mae-Geris mit jedem Bein durchgeführt. Das sind in der Woche bei dreimaligen Training 1200 Armtechniken und 600 Fußtechniken; im Monat also 4800 Armtechniken und 2400 Fußtechniken zu Beginn des Trainings. Wenn man nur die zur Ausführung der Techniken erforderlichen Muskeln dafür einsetzt, die Betonung auf Schnelligkeit und korrekte Ausführung liegt, dann ist die Übung zwar schweißtreibend und anstrengend, aber nicht körperlich verausgabend. Ich habe diese Trainingsweise der vielen Wiederholungen nie als monoton empfunden.

Die Karatetechnik in der Ausführungsform der Japan Karate Association (JKA) ist von der Grundschultechnik und der Analyse der Biomechanik allein nicht zu verstehen, sondern nur durch die Erfahrung hoher Technikwiederholung als geschlossene Einheit innerhalb des Trainings. Durch diese Trainingsweise werden die Techniken mit einer gewissen Leichtigkeit sehr schnell ausgeführt. Während ich diese Zeilen schreibe, stehe ich im 70. Lebensjahr. Meine körperliche Karatepraxis beschränkt sich auf meine dreimalige Trainertätigkeit in der Woche. Altersgemäß könnte man bei mir von einer gewissen Fitness sprechen; von einer sportlichen Leistung ist das aber ganz weit unten anzusetzen. Trotzdem kann ich noch mit jedem Bein hintereinander 50 Mae-Geris treten, ohne in den Bereich einer körperlichen Anstrengung zu gelangen. Bei der Anzahl des Tsuki ist dies noch deutlich höher. Das heißt, die Technik wird primär aus der erworbenen technischen Fähigkeit heraus ausgeführt mit minimaler muskulärer Arbeit. Ich trainiere nicht mehr, sondern ich bewege mich nur noch karatemäßig – schnell und locker mit der Leichtigkeit des Seins.

Es stellt ein Paradox dar, den Angriff mit dem Willen zu treffen durchzuführen bei gleichzeitigem Verzicht auf Trefferwirkung. Die Karatetechnik, welche auf Schnelligkeit hin ausgeführt wird, verbunden mit dem Kontakttraining am Makiwara (Schlagposter), kann im Falle eines Kontakts durch das Zurückziehen der Faust besser dosiert werden. Der Kontakt kommt eher einem Touchieren gleich. Der mit voller Muskelspannung in der Endphase durchgeführte Fauststoß ist gefährlich - aber langsam. Wer mit so einer Bauern-Karate-Technik mit dem Willen angreift zu treffen und auch trifft, der verletzt seinen Partner.

Das Training an Makiwara, Schlagpolstern und Handpratze dient nicht nur zur Dynamisierung der Schlagkraft, sondern vor allem, um ein Gefühl für die Faust- und Fußtechniken im Augenblick des Kontakts zu entwickeln. Karatekas, bei denen nie oder nur sehr selten dieses Schlagtraining Bestandteil des allgemeinen Trainingsbetriebs ist, stellen die größte Gefahrenquelle beim Kontakt dar. Übertragen auf den Fußballsport kann man sagen, denen fehlt das Ballgefühl. Ihre Technik verfügt zwar über Trefferwirkung, aber sie können die Wirkung der Technik nicht dosieren.

Mit der Intention anzugreifen, zum Beispiel beim Kihon-Ippon Kumite, wie ich es in den 70er und anfangs der 80er Jahre in Deutschland und auch in Japan erlebt und praktiziert habe, ist heute so nicht mehr möglich. Die Blicke gingen sofort zum Trainer und die Trainierenden hätten das Gefühl, sie hätten einen Irren in ihrer Mitte. Mein Partner würde mich mit großen Augen angucken, so wie Rotkäppchen den bösen Wolf, und mich mit dem Zauberwort „Kontrolle" maßregeln. Also hält man sich immer mehr zurück mit dem Effekt, dass man das absolute Angreifen verlernt. Man wird nämlich immer langsamer durch das permanente Zurückhalten.

Im Zusammenhang mit dem Zauberwort „Kontrolle" erinnere ich mich an eine Begebenheit im Training beim Jiyû-Ippon-Kumite: Ich hatte die Technik meines Partners abgewehrt und mit einem Tsuki zur Kinnspitze gekontert. Ca. 1, 5 cm vor der Kinnspitze zog ich die Faust wieder zurück. Mein Partner, Träger des 4. Dan, sah mich mit großen Augen an und sagte „Kontrolle"! Ich erwiderte: „Das war kontrolliert. Wenn ich durchziehe, bist du ein toter Mann!" Da wurden seine Augen noch größer und hilfesuchend blickte er zum Trainer. Genau so ist das heute. Und aus diesem Grund nehme ich nicht mehr am Training in auswärtigen Dôjôs teil oder besuche Karatelehrgänge. Solche Situationen gebe ich mir nicht mehr.

Zum Karate, so wie ich es verstehe, gehört auch eine gewisse Härte. Damit meine ich nicht mit der Technik treffen und den Partner gegebenenfalls zu verletzen, sondern ich stehe mir zu, dass ich beim Kämpfen getroffen werde und es zu Hämatomen (Blutergüsse, „blaues Auge", aufgeplatzte Lippen). kommen kann. Beim Kämpfen kommt es nicht darauf an wie viel man austeilt, sondern wie viel man einstecken kann. Diese innere Haltung zum Karate, zu der man langsam heranreift, sofern man dies anstrebt, zulässt und im Training auch das entsprechende Umfeld (Trainingspartner) hierfür hat, ist heutzutage die Ausnahme. Genau genommen hat dadurch die Intensität des Kampfgeistes abgenommen.

Das Training an den Universitätsdôjôs der Takushoku Daigaku, Nittai Daigaku, Komazawa Daigaku und Taisho Daigaku ist dann noch einmal eine andere Hausnummer (in der Vergangenheit). Wenn man aber die dortigen Spielregeln verstanden hat, einfach ebenfalls durchschlagen, wenn es erforderlich ist, dann ist auch dort das „Überleben" im täglichen Training kein Problem mehr. Was ich jetzt schreibe, ist nur für den Karateka verständlich, welcher den gleichen Weg im Praktizieren seines Karate gegangen ist: Man muss ein „Kampfschwein" sein. Das hat nichts damit zu tun, dass man es „hat" oder „nicht hat" nein, es kommt auf den Willen darauf an, sich dieser Herausforderung zu stellen. Und diese Herausforderung sollte spätestens bis zum Alter von 30 Jahren abgeschlossen sein. Denn der jugendliche Leichtsinn erleichtert uns diesen härteren Weg zu beschreiten. Wenn wir in die Lebensphase der Reife eintreten, ist es dafür zu spät. Dann lässt man sich aus Vernunftgründen auf so etwas nicht mehr ein. Und das ist auch gut so. Ich befürworte Karate als Breitensport mit

All seinen Fassetten, ich habe immer im Training Rücksicht auf meine jeweiligen Trainingspartner genommen, sie nach ihren Fähigkeiten und körperlichen Voraussetzungen beurteilt und entsprechend im Kumite gefordert. Und ich werde mich auch zukünftig im Training immer um Fairness bemühen und rücksichtsvoll mit meinen jeweiligen Trainingspartnern umgehen und bin froh, wenn auch diese ebenso mit mir umgehen.

Nur, die Fähigkeit im Kumite oder Randori auch einen härteren Treffer am eigenen Körper zu akzeptieren, das habe ich mir beibehalten. Nur frage ich mich heute, wo sind denn die jungen Leute, welche sich den von mir beschriebenen etwas härteren Anforderungen stellen. Eine Frage, welche sehr leicht zu beantworten ist: Die gibt es nicht mehr. Das sportliche Karate im Wettkampf ist etwas ganz anderes. Das ist, was in den 70er Jahren als Leichtkontakt Karate bezeichnet wurde.

Meiner persönlichen Meinung nach sollte man Karate als junger Mensch mehrere Jahre exzessiv mit einer gewissen Härte in den Kumiteformen praktiziert haben. Unter Härte verstehe ich immer die Härte gegenüber sich selbst, Treffer einzustecken und zu akzeptieren. Damit verbunden auch die Ausführungen der Techniken auf einem hohen Niveau. Mehrere Jahrzehnte Karate als reinen Breitensport praktiziert zu haben, können diese kurze exzessive Ausführungsform im Karate nicht ersetzen, sondern stellen eine weitere sinnvolle Facette des Karatespektrums dar.

Mir ist bewusst, dass mein hier geschriebenes widersprüchlich ist. Ich habe ein Essay geschrieben, um die Facetten des Treffens in Vergangenheit und Gegenwart darzustellen. Und auch die berechtigte Frage an den Autor, wie hältst du es denn selbst mit dem Treffen in deiner Trainingsgestaltung? Antwort: Moderat! Bei älteren Karatekas erkläre ich viel, so dass sie aus meiner körperlichen Erfahrung lernen und nachvollziehen können.

Kinder- und Jugendtraining heißt vor allem verantwortliches Training und damit Verzicht auf Trefferwirkung und keinen Kontakt zum Kopf. Im alltäglichen Training verwende ich für den Kontakt daher Schlagposter und Handpratze.

Aus früherer Zeit zur Kenntnisnahme: Die Fähigkeit zu treffen, oder in einem etwas härteren Randori auch mal durchzuschlagen, wenn es das Kampfverhalten des Gegenübers herausfordert, ist nicht so einfach zu praktizieren, als man es mit Worten darstellen kann. Man muss sich hierzu überwinden. Wer in den verschiedenen Übungsformen des Kumite sich im Hinterkopf permanent an den grundschulmäßigen Ausführungen der Karatetechniken orientiert, wird nie richtig frei kämpfen können. Die Techniken der Grundschule im Karate sind sehr wichtig. Wird jedoch das alltägliche Karatetraining in einem Dôjô in allen Facetten des Technikspektrums grundschulorientiert praktiziert, dann geht das auf Kosten der Beweglichkeit. Und aus dieser Unbeweglichkeit kommen die Karatekas nie mehr heraus. Da in Deutschland mehrheitlich Karate als Breitensport trainiert wird, geht die selbst auferlegte Härte (Bereitschaft Treffer einzustecken) und die daraus resultierende Haltung verloren bzw. entwickelt sich erst gar nicht. Mehr.

20 Kihon-Ippon Kumite - Yakusoku Kumite – abgesprochene Kampfübungen –

Anmerkung: Das Paradoxon in den Übungsformen des Kihon-Ippon und Jiyû-Ippon Kumite besteht darin, dass mit dem absoluten Willen zu treffen angegriffen werden soll, dass aber durch die Bekanntgabe der jeweiligen Angriffstechnik und Trefferregion (Angriffshöhe) ausgeschlossen ist, dass es zu einem Körpertreffer kommt.

Kihon-Ippon Kumite bedeutet mit einem Schritt und einer einzelnen Grundtechnik, welche vorher bekannt gegeben wurde, den Partner anzugreifen. Dieser wiederum blockt und kontert mit den vorher festgelegten adäquaten Techniken. Grundtechnik bedeutet hier bei der Ausführung der Technik eine ideale korrekte Ausführungsform anzustreben. Wenn ich von Kihon-Ippon Kumite spreche, so verstehe ich es hier nicht nur in der Form des Erlernens von Abwehren und Kontern usw., sondern als gekonntes Praktizieren von Karate mit schnellen dynamischen Techniken anzugreifen.

Das Erlernen von Abwehren und Kontertechniken, einschließlich der seitlichen Ausweichbewegungen im Kihon-Ippon Kumite, gehört in den Bereich des Anfängers im Karate. In der Lernphase erfolgt daher der Hinweis, die Angriffsgeschwindigkeit moderat auszuführen. Schwerpunkt ist die Anvisierung der Zielregion, Zeitwahl (Timing) der Abwehrtechnik, das Distanzgefühl bei der Kontertechnik und sichere Ausweichbewegungen. Kihon-Ippon Kumite kann mit einer Vielzahl an Kontertechniken sehr variabel gestaltet werden.

Die Karatetechnik in der Anwendung wurde ursprünglich nur in der Ausführungsform der Kata praktiziert (Kata Bunkai). Bei der Konzipierung der halbfreien Kumiteformen ging vor allem darum, innerhalb des Partnertrainings eine Möglichkeit zu schaffen, um mit vollem Einsatz anzugreifen, ohne dass es zu schwerwiegenden Verletzungen oder mehr kommt.

Es geht nicht um das Treffen an sich, sondern um den Willen (Geisteshaltung) zum Treffen zu erlernen. Da dem Verteidiger die Angriffstechnik und der Zielpunkt (Angriffsstufe) vorher bekannt gegeben wird, soll ausgeschlossen werden, dass es zu einem Treffer seitens des Angreifers kommt. Das Treffen mit der Technik ist Mittel zum Zweck und spielt selbst gar keine große Rolle dabei.

Mit dem Gruß Otagai ni Rei, der Verbeugung voreinander, willigen beide Ausführende in das Ritual Kihon-Ippon Kumite ein. Insbesondere der Verteidiger willigt ein, dass er getroffen werden kann. Nach ansagen der Angriffstechnik und Angriffsstufe ist die erste Komponente hierbei, dass der Angreifer einen tiefen Stand, hier Zenkutsu-Dachi, einnimmt. Je tiefer die Ausgangsposition durch den Angreifer eingenommen wird, je länger dauert die Ausführung des Angriffs. Für den Verteidiger wird somit der Angriff ungefährlicher. Der Angreifer darf auch nicht zu nahe stehen. In der Ausgangsposition von Zenkutsu-Dachi beträgt der Abstand bei einem Oi-Tsuki von der an der Hüfte ruhenden Faust bis zur Kinnspitze des Gegners genau eine Schrittlänge, bei gerade gehaltenen Schultern in der Endphase der Angriffstechnik.

Das freie Kämpfen kann man mit der Übungsform Kihon-Ippon Kumite nicht erlernen. Hierfür ist diese Übungsform zu statisch. Es wird nicht die Beweglichkeit geschult, welche man für das freie Kämpfen benötigt. Was man aus der Übungsform Kihon-Ippon Kumite für das freie Kämpfen herleiten kann ist die Intention des kompromisslosen dynamischen Angriffs.

Durch die Distanz und die tiefe Stellung des Angreifers ist es bei Karatekas auf gleichem Leistungsniveau schwer möglich, den jeweiligen Partner zu treffen. Der erhebliche Zeitaufwand aus der tiefen Stellung herauszukommen und anzugreifen, erschwert das Treffen. Dies wiederum eröffnet die Möglichkeit, mit vollem Willen (Geisteshaltung) anzugreifen mit dem Ziel zu treffen. Hierbei erlittene Verletzungen in Form von Hämatomen („blaue Augen"), aufgeplatzte Lippen pp. kommen gemessen an der Anzahl der ausgeführten Techniken sehr selten vor.

Der Oi-Tsuki wird abgewehrt, bevor der Angriffsarm arretiert ist. Also auf der Bewegungsbahn des Oi-Tsuki, wo nur so viel Muskelkraft eingesetzt wird, um den Arm bzw. die Faust nach vorne zu beschleunigen. Die Abwehrtechnik beginnt in dem Augenblick, sobald mit der Angriffstechnik gestartet wird. Erfolgt die Abwehrtechnik zu früh, erfolgt der Angriff mittels eines Tsukis zur oberen Stufe unter der Abwehrtechnik. Diese schnellen korrekten Techniken werden vom Könner mit der offenen Hand abgewehrt. Die Technik wird aus ihrer Bewegungsbahn gebracht und verliert ihre Wirksamkeit. Ich verwende nicht gerne bei der Beschreibung der Abwehrtechnik den Terminus „die Technik wird geblockt". Das hat zu viel mit Draufhauen zu tun. Ein Oi-Tsuki, welcher mit zu voller Muskelspannung auf der Bewegungsbahn zum Ziel ausgeführt wird, ist zu langsam und man kann den Angriff mit stark angespannter Soto-Ude-Uke abblocken. Das ist dann aber nur noch ein primitives Draufgehaue.

Tori (Angreifer)
Mentale Einstellung, einen Angriff mit Willen (Geisteshaltung) zu starten und den Partner zu treffen.
Der Angreifer lernt mit einer grundschulmäßigen Angriffstechnik die vorgegebene Zielregion anzugreifen
Mit einer Angriffstechnik mittels eines langen Schrittes in den Verteidiger weit hineingehen Den vorderen Fuß so weit als möglich hinter dem vorderen Fuß des Verteidigers absetzen.
Vertrauen in die eigene Angriffstechnik

Uke (Verteidiger)

Angst überwinden, dass man vom Gegner angegriffen und ggf. auch getroffen wird. Mit aufrechter Körperhaltung zurückgleiten.

Der Verteidiger lernt mit einer entsprechenden Grundtechnik die angesagte Angriffstechnik abzuwehren

Durch einen großen Schritt zurück der Angriffstechnik an Wirkung nehmen

Vertrauen in die eigene Abwehrtechnik

Bewegungsanalyse

In der Partnerübung Kihon-Ippon-Kumite wird mit einer vorgegeben Technik grundschulmäßig angegriffen und mit der entsprechenden Abwehrtechnik geblockt und sofort gekontert. Beide Partner stehen sich in Shizentai gegenüber und verbeugen sich. Der Gruß beinhaltet die Würde und Respekt des Karatekas. In den Kumiteformen signalisieren beide Übenden, dass sie sich in das Ritual des Kihon-Ippon Kumite einlassen. Der Angriff erfolgt mit der Prämisse einer ernsthaften schnellen Technik und beinhaltet somit den Zielpunkt zu treffen. Der Abwehrende weicht seitlich rechts oder links aus. Das gerade Zurückgehen bei der Abwehrtechnik wird lediglich in der Lernphase des Anfängers praktiziert. Für den Könner wird Abwehr- und Kontertechnik zu einer Technik in der Ausführungsform.

Unabhängig was während der Ausführung des Kihon-Ippon Kumite geschieht, zum Beispiel, dass der Verteidiger getroffen wird, nach Beendigung der Technikausführung verbeugen sich beide Partner voreinander und die Harmonie ist somit wieder hergestellt. So habe ich es in Japan praktiziert. Die Japaner haben bedingt durch das Training am Makiwara die Fähigkeit, beim Touchieren des Trainingspartners die Faust sofort wieder zurückzuziehen und so die Trefferwirkung abzumildern.

Der Gruß ~ Rei! ~ zur Kampffläche

Bevor die beiden Karateka die Kampffläche betreten, wird von ihnen am Rand der Kampffläche diese angegrüßt. Sie geben damit zu verstehen, dass sie die Regeln innerhalb dieser Kampffläche respektieren und akzeptieren.

Der Gruß zum Partner ~ Otagai ni Rei!

Als nächstes erfolgt der Gruß voreinander. Der Gegenseitige Gruß bedeutet, dass man sich achtet und respektiert, aber auch das gegenseitige Einverständnis, dass man vom Partner oder Gegner mit kontrollierten Techniken getroffen wird. Nach Abschluß der Aktion verbeugen sich beide Karatekas wiederum voreinander. Neben dem Gruß Rei beinhaltet diese Form, dass nun der vorherige reine Zustand zwischen den beiden wieder hergestellt, man sich für die gemeinschaftliche Übung bedankt und die Aktion jetzt abgeschlossen ist. Durch diese Kanalisierung erfolgt die gewalttätige Ausübung auf einer ethisch praktikablen Ebene.

21 Jiyû-Ippon Kumite -Yakusoku Kumite – abgesprochene Kampfübungen-

Kihon-Ippon-Kumite und Jiyû-Ippon-Kumite sind keine antiquierten Kampfübungen, sondern der Schlüssel, um sich mit dynamischen Karatetechniken vom Kampfgeist her auszuleben mit einer sehr geringen Wahrscheinlichkeit, dass es zu ernsthaften Verletzungen kommt. Eine der wichtigsten Schlüsselerlebnisse in der Karatepraxis, seinen eigenen optimalen Kampfgeist zu entwickeln und erleben. Kämpfen lernen für den sportlichen Wettkampf kann man mit diesen Übungsformen nicht.

Jiyû-Ippon Kumite gehört zu den abgesprochen Kampfübungen Gohon-Kumite, Kihon-Ippon Kumite, Okuri-Ippon-Kumite, Happo-Kumite und Kaeshi-Ippon-Kumite. Das Wort Yakusoku

Kumite bezeichnete spezifisch ein Abkommen oder Versprechen und fordert vom Angreifer, den Angriff mit der zuvor angesagten Technik auszuführen. Ebenso wird vom Verteidiger gemäß dem Abkommen ein entsprechendes Verhalten erwartet. Das An- und Abgrüßen vor und nach der Übung beinhaltet die Einlassung in dieses Ritual. Mit dem Abgrüßen ist die Harmonie wieder hergestellt, unabhängig von dem, was innerhalb dieser Übung geschehen ist.

Es gehört zum Respekt im Karate, dass die Gesundheit und körperliche Unversehrtheit unseres Partners oberste Priorität genießt. Der technische Leistungsstand des Übungspartners bestimmt die Verhältnismäßigkeit der Intention der Angriffstechnik als auch der Abwehrtechnik. Bei Übenden auf gleichem technischem Leistungsstand relativiert sich die Gefährlichkeit der ausgeführten Techniken. Hierdurch wird das Risiko sich ernsthaft zu verletzen auf ein Minimum reduziert.

Die halbfreie Kampfform Jiyû-Ippon-Kumite (halb frei, da die Angriffstechnik vorher bekannt gegeben wird) bedeutet aus der lockeren Kampfhaltung - Kamae - mit einer Schrittbewegung und einer auf optimaler Geschwindigkeit ausgelegten Angriffstechnik den Übungspartner mit der Intention zu treffen anzugreifen. Im Jiyû-Ippon-Kumite lernt man vor allem das dynamische Angreifen und das weite Hineingehen in den zurück- bzw. ausweichenden Übungspartner. Was man durch diese Ausführungsformen jedoch nicht erlernt, ist das freie Kämpfen. Es geht nicht um das Taktieren oder mittels einer Finte ins Ziel zu kommen. Nein, es geht um den einen direkten dynamischen Angriff. Die Fähigkeit zu etablieren, kompromisslos anzugreifen.

Die angewandten Techniken leiten sich von den Grundschultechniken nur als optimale Basistechnik ab. Der Übende muss aus der gedanklichen grundschulmäßigen Technikausführung herausgeholt werden, damit sich nicht eine statische Ausführungsform entwickelt. Und genau diese statische Ausführungsform hat sich in der westlichen Hemisphäre etabliert. Ich konnte in Japan beobachten, dass die Karatekas der JKA nur bei Prüfungen eine etwas statischere (langsamere) Ausführungsform bei Kihon- und Jiyû-Ippon Kumite wählten. Hintergrund ist dem Prüfer zu zeigen, dass man in der Lage ist, die Technik korrekt am Partner auszuführen.

Abwehr- und Kontertechnik
Für den Abwehrenden kommt es insbesondere darauf an, dass Abwehr- und Kontertechnik in der zeitlichen Abfolge immer näher ausgeführt werden, so dass wir als Ziel bei Abwehr und Konter von einer Technikeinheit sprechen können. Ebenso erfolgen Abwehr- und Kontertechnik in einem Atemzug. Die Abwehr erfolgt intuitiv im Vertrauen die richtige Entscheidung hierbei zu treffen. Das heißt, sich in die Kampfsituation begeben, ohne von Gedankengängen über die eigene Abwehr oder die Angriffstechnik stören zu lassen.

Die beim Jiyû-Ippon Kumite angewandten Abwehrtechniken leiten sich überwiegend aus den grundschulmäßigen Blocktechniken, insbesondere Age-Uke, Soto-Ude-Uke und Gedan-Barai, ab. In der Lernphase, aber auch nur in der Lernphase, können die Abwehrtechniken noch mit einer gewissen Grundschulmäßigkeit durchgeführt werden. Die Standartabwehr, und damit sollte man schon ab dem 5. Kyu-Grad beginnen, sind die Abwehrtechniken mit der offenen Hand. Natürlich kann auch bei offener Hand mit dem Unterarm abgewehrt werden. Es geht aber darum, dass sich aus der standardisierten Abwehrtechnik die freie Abwehr entwickelt, welche sich der tatsächlichen Bewegungsbahn der ausgeführten Angriffstechnik anpasst. Auch sprachlich sollten wir uns bei der Beschreibung der Verteidigungstechniken nicht mehr vom Ablocken des Angriffs, sondern vom Abwehren der Angriffstechnik sprechen. Die Verteidigungstechniken entwickeln sich bei der Ausführung vom Dagegen zum Ableiten aus der Bewegungsbahn, um so der Angriffstechnik die Wirksamkeit zu entziehen.

Abwehren mit der offenen Hand

Die Abwehr eines Oi-Tsukis Jodan mit der offenen Hand erfolgt aus Kamae ohne Ausholbewegung nur bis zur Körpermitte (Orientierung Nasenspitze). Von der Kamae-Haltung der vorderen Hand (mit offener Handhaltung oder geschlossener Faust, jedoch entspannt) in direkter Linie hoch bei gleichzeitigem seitlichem Herausgleiten des hinteren Beins. Die Angriffstechnik des Oi-Tsukis wird auf der Bewegungsbahn abgewehrt, bevor der Arm arretiert und somit im Ziel wäre. Voraussetzung, um mit der offenen Hand einen Oi-Tsuki-Jodan abzuwehren ist dessen Ausführungsform auf der Bewegungsbahn ins Ziel. Es darf für den Oi-Tsuki nur so viel Muskelkraft aufgewendet werden, um die Technik mit optimaler Geschwindigkeit ins Ziel zu bringen. Erfolgt die Ausführung mit zu viel Muskelspannung und somit nicht mit optimaler Geschwindigkeit, muss ebenfalls mit großer Muskelspannung abgewehrt werden. Ein korrekt ausgeführter Oi-Tsuki wird bei der Abwehr mit der offenen Hand von der Bewegungsbahn abgeleitet.

Jeder Gedanke beim Jiyû-Ippon Kumite, bei der Technikausführung die Abwehr mit Härte durchzuführen oder den Block des Gegners mit der Angriffstechnik zu durchbrechen usw., führt nur zu einem auf die „Knochen" hauen. Und auch sprachlich permanent von starker Technik zu sprechen, erzieht zu einer Technikausführung mit zu viel Muskelanspannung (statisches Karate) auf der Bewegungsbahn, um die Technik ins Ziel zu bringen. Die Technikausführung, so wie es die Japan Karate Association lehrt und praktiziert, ist auf Schnelligkeit ausgerichtet, um damit Effizienz zu erreichen.

Was bedeutet Härte in den halbfreien Kampfübungen

Im Karate kommt es nicht darauf an, wie viel man austeilen, sondern wie viel man einstecken kann. Der Karateka erzieht sich selbst zu dieser Einstellung und entscheidet, wo für ihn die persönliche Grenze liegt. Im alltäglichen Trainingsbetrieb gilt das partnerschaftliche Miteinander. In den seltenen Fällen, in denen der Partner in den Kumiteformen und beim Randori einfach nur draufhaut, muss man mental umstellen und die Angriffs- und Abwehrtechniken mit Härte durchführen. Dann werden die Muskeln bei der Abwehrbewegung länger gespannt. Diese Form der Abwehrtechnik ist für den Angreifer sehr schmerzhaft und kann zu Verletzungen (Hämatomen) führen. Ist aber für den Partner, der nur darauf aus ist auszuteilen, sehr heilsam.

Zur Wiederholung – Technikbeschreibung -

Für den Karateka heißt es, mit einem minimalen Aufwand an Muskelspannung die Technik dynamisch ins Ziel zu bringen, um dann mit einer explosionsartigen Anspannung aller Muskeln die Technik abzuschließen. Aus der Entspannung in den Sekundenbruchteil der Anspannung und wieder zurück in die Entspannung.

Der Sinn, mit einem Arm 200 Gyaku-Tsuki hintereinander zu stoßen liegt nicht in der Konditionierung der Muskeln, sondern in dem Erlernen, mit einem ökonomischen Einsatz an Muskelkraft viele Techniken von gleichbleibender Qualität durchzuführen, um nur im kurzen Augenblick der Kime Waza anspannen zu können. Gleichzeitig wird durch den minimalen Kraftaufwand der Muskeln auf der Bewegungsbahn der Technik die Geschwindigkeit optimal erhöht. Damit die Arretierung des gestreckten Armes und damit das Anspannen der Faust auf ein Minimum beschränkt bleibt, sollte die Übung Zusammen mit der Abwehrtechnik Age-Uke ausgeführt werden. Und zwar zuerst mit der Ausführung des Gyaku-Tsuki beginnen und dann die Abwehrtechnik Age-Uke als Abschluss der Kombination.

Für den austrainierten Athleten sollte diese Übungsform zu Beginn des Trainings zwar schweißtreibend, von der Anstrengung her jedoch nicht als erschöpfend empfunden werden. Sollte der Athlet Ermüdungserscheinungen gegen Ende der Ausführung verspüren, dann vor allem auf die korrekte Ausführung achten. Nie gedankenlos einfach die Technik im ermüdeten Zustand trainieren.

Effizienz im Vorgleiten durch Schnelligkeit am Beispiel eines Tsukis

Bei der Beschreibung der grundschultechnischen Ausführungsform eines Oi-Tsukis lernen wir, dass sobald der Fuß des vorgehenden Beines vorne abgesetzt wird, auch die Faust des Tsukis am Endpunkt ankommt und somit die Technik abschließt. Später, um den Tsuki in der Grundschultechnik schneller auszuführen, starten wir zuerst mit Zenkutsu-Dachi und achten darauf, dass die Fausttechnik ebenfalls mit dem Ankommen des vorgehenden Fußes ihren Abschluss findet. Bei der Ausführungsform im Jiyû-Ippon Kumite startet gefühlsmäßig der Tsuki zuerst und wird kurz nach dessen Abschluss vom Körper eingeholt. Ansonsten wäre die Angriffstechnik zu langsam.

Abstand bei der Ausführungsform beachten:

Fehler des Verteidigers bezüglich der Distanz: In dem Augenblick, nachdem Angreifer die optimale korrekte Angriffsdistanz eingenommen hat, gleitet der Verteidiger zurück und verhindert so eine korrekte Ausführungsform des Angriffs.

Zu früher Beginn der Abwehrtechnik:

Um der angesagten schnellen Technik zuvorzukommen, beginnt der Verteidigende zeitlich mit der Abwehrtechnik, bevor die Angriffstechnik auch nur ansatzweise gestartet worden wäre. Der Angreifer könnte jetzt im Vorgehen zum Beispiel unter der Abwehr Age-Uke den Zielpunkt treffen.

Abwehrtechnik: Die Abwehrtechniken Age-Uke, Soto-Ude-Uke usw. sind Basistechniken, aus denen sich die Abwehrtechniken mit der offenen Hand ableiten. Allein schon die Faust in der Endphase so stark wie möglich anzuspannen bei der Ausführung der Abwehr Soto-Ude-Uke, nimmt zu viel Zeit für die anschließende Kontertechnik.

Schrittbewegung: Auch hier leiten sich die Schrittbewegungen aus den Basistechniken Kokutsu-Dachi, Zenkutsu-Dachi usw. ab. Gerade in der Lernphase erfüllen die ausweichenden Schrittbewegungen noch die Grundschulkriterien. Je sicherer der Karateka die Ausweichbewegungen beherrscht, je mehr entwickeln sich aus diesen Basistechniken fließende Schrittbewegungen, bei denen jedoch die Ursprungstechnik noch erkennbar ist. Das Umsetzen aus der Basistechnik von Kokutsu-Dachi in Zenkutsu-Dachi erfolgt in einer fließenden Bewegung. Gleichsam bei Abwehr- und Kontertechniken, welche immer mehr zu einer einzigen Einheit verschmelzen.

Treffen: Eine Angriffstechnik gelangt ins Ziel – Treffer, Wertung im sportlichen Wettkampf – wenn die Beschleunigung in der Anfangsphase die maximale Bewegungsschnelligkeit erreicht, also so schnell ist, dass die Reaktionszeit des Verteidigers nicht ausreicht, rechtzeitig und angemessen zu reagieren. Daher muss die Angriffstechnik entschlossen, sprich ansatzlos, ausgeführt werden. Sobald der Verteidiger aus der Körpersprache des Angreifers die bevorstehende Angriffstechnik ablesen kann, erhöht dies seine Reaktionszeit und der Angriff scheitert. Das Vertrauen in die eigene Angriffstechnik muss bewirken, dass Unsicherheit, Bedenken und Ängste, also alles, was die Reaktionszeit verlängert, durch häufiges Training und somit durch Erfahrung ausgeschaltet wird.

Anmerkung: Wer mit der Technik treffen will, muss sich die Angriffstechnik vorher ins Ziel denken. Der erfahrene Kämpfer spürt, bevor er mit der Angriffstechnik startet, dass er den Treffer platzieren wird. Im Idealfall kämpft nicht das Ich, sondern das Es. Der Kämpfer schaltet den Kampfmodus ein und das Es verwendet die zuvor im Training automatisierten erforderlichen Techniken situationsbedingt in angemessener Form.

Was man über das Treffen mit einer Karate-Technik wissen sollte

These: „Bei der Ausführung der Karatetechnik im sportlichen Wettkampf wird auf Trefferwirkung verzichtet. Die Technik wird kurz vor dem Ziel abgestoppt." Das heißt, im sportlichen Wettkampf werden Techniken verlangt, welche im Ernstfall Trefferwirkung erzielen und den Gegner kampfunfähig und im Extremfall sogar töten können. Erfüllt die im Wettkampf gezeigte Technik nicht diesem Kriterium, erfolgt vom Kampfrichter keine Wertung mit der Ansage: Technik zu schwach! Ich stimme dieser Anforderung der Technik im sportlichen Wettkampf nicht zu, da ich diese Ausführungsform als zu gefährlich einstufe und im Wettkampfkarate auch nicht praktiziert wird.

Bei einem auf Trefferwirkung ausgeführtem Tsuki ist die Faust im Endpunkt der Arretierung fest geschlossen. Kommt es mit solch einer ausgeführten Technik zum Kontakt, dann ist das durchgeschlagen. Und selbst wenn nach dem Kontakt die Faust sofort wieder zurückgezogen wird, kommt es mit hoher Wahrscheinlichkeit zu einer Verletzung des Kontrahenten. In der Anwendung im Ernstfall bleibt die Technik für den Bruchteil einer Sekunde auf der Trefferfläche, um Wirkung zu erzielen. Im sportlichen Wettkampf wäre diese Ausführungsart der Technik viel zu langsam.

Ausführung der Fausttechnik – Tsuki – nach Art der Japan Karate Association – JKA

Wie ich schon weiter oben geschrieben habe, ist die effiziente Ausführungsform der Karatetechnik der JKA auf maximale Geschwindigkeit ausgelegt im Zusammenspiel mit dem Treffen im richtigen Augenblick der Endphase der Technik. Das Treffen im richtigen Moment wird am Makiwara geübt. Mit geschlossener Faust von der Hüfte – Hikite - ausgehend in lockerer Ausführung auf das Makiwarapolster mit sofortigem Zurückziehen der Technik. Sowie der Fußballer über ein gewisses Ballgefühl verfügen muss, sollte der Karateka ein Gefühl für seine Techniken beim Kontakt in der praktischen Ausführung beherrschen. Die Faust ist geschlossen und wird auch im Endpunkt der Technik gespannt, jedoch nicht mit voller Anspannung. Durch das Treffen und sofortige Zurückziehen der Faust am Makiwara ist der japanische Karateka darauf ausgelegt dies am Übungspartner genauso auch zu praktizieren. Der Faustschützer mit der geringen Polsterung, so wie er von den Athleten der JKA bei Wettkämpfen getragen wird, erfüllt vor allem die Aufgabe, bei Kontakt den Impuls im Gehirn für das Zurückziehen der Faust so früh wie möglich auszulösen.

22 Anmerkungen zur Kata

Die Kata in ihrer Ausführung als Kampf gegen imaginäre Gegner und die Ausführungen und Interpretationen der Techniken mit Partner ist vermutlich die ursprünglichste Form die Kampfkunst zu praktizieren. Beim Erlernen der Kata wird jede einzelne Technik gezählt und mit Spannung ausgeführt. Später ist es entscheidend, die Techniken zusammenhängend auszuführen. Abwehr und Konter erfolgen in einer Zeit. Auf das richtige Timing kommt es an. Bei der Kata Heian Shodan erfolgen die Eröffnungstechniken Gedan-Barai und Oi-Tsuki in einer Zeiteinheit. Ebenso die Eröffnungstechniken in der Kata Heian Godan. Block und Konter erfolgen in einer Zeiteinheit. Für den geübten Karateka liegt der Schwerpunkt bei der Ausführung in der Geschwindigkeit und dem Zusammenhang der folgenden Techniken. Werden die Techniken mit der höchstmöglichsten Anspannung der Muskeln ausgeführt, sind die Techniken roboterhaft und nicht kampfflexibel, wie in der Realität der Anwendung erforderlich.

Um sich die Ausführungsformen selbst zu verdeutlichen, empfehle ich die gleiche Kata mit beiden Ausführungsmöglichkeiten auszuführen. Noch einmal: Für den geübten Karateka liegt der Schwerpunkt bei der Ausführung der Kata in der Schnelligkeit, Korrektheit und zusammenhängender Ausführung der Techniken. Der Gedanke an die Anspannung der Muskeln bei der Ausführung der Techniken, um damit eine vermeintlich optimale starke Technik zu erreichen, führt zum Gegenteil. Subjektiv fühlt der ausführende Karateka seine Kata von der Technikeffizienz der Kimé als optimal stark ausgeführt. Noch einmal etwas anders ausgedrückt: ich möchte, dass die Kata vom Gedankengang her schneller und geschmeidiger ausgeführt wird. Durch diese Art der schnelleren Ausführung der Technik ist die Kimé der Endphase stärker. Erfolgt die Ausführung der Technik mit dem Gedankengang eine starke Technik ausführen zu wollen, so wird automatisch zu viel Anspannung der Muskeln auf dem Weg zur Endphase der

Technik eingesetzt, welche hierdurch an Geschwindigkeit verliert. Es war JKA-Instructor Mikio Yahara, welcher seine Kata im Wettkampf mit einem Optimum an Kampfeswillen darbot: optimal schnell, kämpferisch und unsauber. Mit dieser Art der Kata-Ausführung würde man im Wettkampf heutzutage nicht über die Vorrunden hinauskommen. Ich habe Yahara Sensei erstmals live im April 1975 bei einem Lehrgang in Bottrop erlebt. Da war er gerade ein paar Tage zuvor 28 Jahre alt geworden und noch in Topform. Anfang der 80er Jahre habe ich ihn dann noch bei ihm im Honbu Dôjô der JKA in Ebisu/Tokyo trainiert.

Natürlich wurde er als Karateka respektiert, aber noch mehr wurde er gefürchtet. Insbesondere im alltäglichen Training von den Karatekas, welche er zur Demonstration seiner Technikkombination als Trainingspartner aufforderte. Ebenso dynamisch wie sein Kata-Vortrag war der Kampfstil von Mikio Yahara: blitzartig, ohne Taktik, spektakulär und oftmals ohne sportlichen Erfolg. Ich habe die Szene vor Augen als Mikio Yahara gegen Toshihiro Mori, mehrfacher Kumite Champion der JKA und Weltmeister von 1980 in Bremen, im Wettkampf aufeinandertrafen. Beide kamen gleichzeitig durch Fußfeger zu Fall. Aus der Fallbewegung machte Yahara einen Hechtsprung über den gestürzten Mori und traf ihm mit dem Fußspann am Kopf: Mae-Geri im Hechtsprung. Es stellt sich jetzt die Frage, weshalb ich dies bei der Betrachtung der Disziplin Kata schreibe. Ganz einfach: Bei Mikio Yahara waren Kata und Kumite ein Karate. Kein heutiger erfolgreicher Athlet oder Athletin der Disziplin Kata hätte gegen einen 28jährigen Mikio Yahara in irgendeiner Form karatemäßig auch nur ansatzweise bestehen können. Ich kann mich noch sehr gut daran erinnern, als Efthimios Karamitsos Ende der 70er Jahre in der Disziplin Kata auf der Wettkampfebene erschien. In einem Satz erklärt hieß das: Lichtgeschwindigkeit gegen Muskelanspannung! Ein Novum: Nachdem Efthimios Karamitsos im Finale des Shotokan Cups 1978 in Bottrop die Kata Unsu gezeigt hatte, skandierten die begeisterten Zuschauer „Zugabe!". Nach der Siegerehrung schickte Ochi Sensei Efthimios noch einmal auf die Kampffläche und die Zuschauer kamen so zu ihrem Recht.

Die heutige Darbietung der Wettkampfdisziplin Kata ist Spitzensport auf höchstem Niveau und erfordert einen intensiven Trainingsaufwand und Können. Die Interpretation Kata in Anwendung ist eine Bereicherung des Wettkampfs und macht ihn für den Zuschauer interessanter. Bei Wettkämpfen in der Disziplin Kata erfolgt die Ausführung mit einer Überbetonung der Anspannung der Technik. Die Ausführung der Kata auf Wettkampfebene wird von der Athletik dominiert. Hierdurch verliert die Kata in Bezug zur eigentlichen Bewegung an Realität für ihre ursprüngliche Sinnhaftigkeit – den Kampf. Faktisch ist das schlichtweg eine falsche Ausführung. Dies ist aber nicht mehr zu revidieren, da alle Wettkämpfer dies praktizieren und letztendlich die Kampfrichter dies auch so fordern. Mit der von mir beschriebenen Ausführung würde man im Wettkampf keinen Blumentopf mehr gewinnen – oder?

1996 World Cup Jugend und Junioren in Miskolc/Ungarn:
DKV-Jugendreferenten Helmut Spitznagel und Jochen Harms

Karatefreunde Josef Faller (Breisach) und Helmut Spitznagel
(Lahr)

1992, Tsuguo Sakumoto, Jasmin und Jochen Harms

Bacharach 1992, Guddy, Tsuguo und Risto   Besuch mit
Tsuguo Sakumoto im
                Bundesleistungszentrum der Fechter in
           Tauberbischofsheim; rechts Weltmeister
                    und Olympiasieger Alexander Push

23 Tipps fürs Training!
Die Fehlerkorrektur

Wie bei der optimalen Karatetechnik, kommt es bei der Fehlerkorrektur auf das richtige Timing an. Allgemein wird zu viel und zum falschen Zeitpunkt korrigiert. Vor lauter Korrigieren stören die Trainer den Trainingsfluss und veranlassen die Schüler zu geistigem Abschalten.

Beispiel: Ein Trainer hat die Grundschultechniken in zwei Blöcke aufgeteilt. Er hat sich vorgenommen, die Kombinationen zügig durchzuführen, um die Athleten an der Kondition zu fordern. Nach dem zeitlichen Ablauf des ersten Blocks, vergönnt er seinen Schülern 2 Minuten Verschnaufpause. In dieser Pause sucht er das Gespräch mit einem seiner Schüler und weist ihn auf einen Fehler hin. Der Schüler wird ihm sehr wahrscheinlich zuhören, sich aber nicht mit dem Fehler auseinandersetzen. Später wird er sich gar nicht mehr daran erinnern, dass er da und dort korrigiert worden ist. Der Schüler ist außer Atem. Sein Trainer hat ihm den Genuss des Erholens genommen. Außerdem sind die Motivation und die Konzentration für die zweite Phase der Grundschultechniken durch den Frust des Korrigierens weg. Des Weiteren reicht es nicht aus, bei der Fehlerkorrektur dem Schüler zum Beispiel bei Mae-Geri zu sagen, du musst den Fuß des tretenden Beines wieder ganz zurückziehen, sondern man muss ihm verständlich machen, dass er fühlen muss, dass er den Fuß ganz zurückzieht. Der Schüler selbst muss eine Bewegungsvorstellung der Technik verinnerlichen; nicht aber der Trainer. Das Denken über die Technik darf ihm nicht von dem Trainer abgenommen werden. Nur durch solche Bewusstmachung ist der Schüler bereit, sich mit seiner Fehlerhaften Technik auseinanderzusetzen, z. B. in der Gegenüberstellung von richtig und falsch. Die Fehlerkorrektur sollte in einer ermutigenden Form erfolgen

· Verbale Fehlerkorrektur
· Körperliche Fehlerkorrektur durch Zurechtrücken z.B. der Schulter oder des Oberkörpers
· Technik bewusst übertrieben falsch ausführen lassen
· Gegenüberstellung von richtig und falsch
· Gelegenheit geben, die Technik nach der Korrektur richtig auszuführen
· Fehler im geeigneten Augenblick korrigieren
· Angepasste Fehlerkorrektur. Erkennen, ob der Schüler in der Lage ist, den Fehler zu korrigieren
· Den Fehler stufenweise korrigieren; aufbauende Übungen
· Gegenseitige Korrektur der gleichen Technik
· Unter erleichterten Bedingungen die Technik ausführen lassen
· Nicht permanent korrigieren, sondern das Training auch mal laufen lassen

Ein Beispiel aus dem Training
· Ausgangsstellung links vor Chudan-Kamae:
· Vorgehen Kizami-Tsuki-Jodan und Gyaku-Tsuki-Chudan mit Suri-Ashi.
· Der Trainer zählt fünfmal die Kombination.

Wie hätte der Trainer die Kombination alternativ ausführen lassen?
Bedingt durch das Zählen hat der Trainer die Karatekas die Technik nicht geistig durchführen lassen. Er hätte die Technik vorgeben müssen und ankündigen: stellt euch vor, ihr greift mit der Kombination Kizami-Tsuki/Gyaku-Tsuki fünfmal nach eurer Zeitwahl an, so dass ihr den Gegner vor euch seht und ihr bewusst die Technik ausführt. Also: Ich mache Kizami-Tsuki/Gyaku-Tsuki und fühle diese Techniken. Genauso wie die Karatekas die Katas ohne Kommando trainieren müssen, ist es erforderlich, dass die Grundschulkombinationen ab und an selbständig ohne Kommando des Trainers ausgeführt werden, um sich die Techniken in ihren Bedeutungen zu verinnerlichen.

Denn sie sollen wissen was sie tun. Die Techniken ohne Anweisungen oder Kommandos durchzuführen heißt, die Karatetechniken zu praktizieren.

Trainingsgestaltung /Kreativität

Man glaubt es kaum. Aber es gibt Dôjôs, da läuft das Training immer noch absolut gleichförmig ab. Der einzige der es nicht merkt ist der Trainer: Rituelle Gymnastik – Grundschule – Partnerübung – Kata - Abgrüßen. Die Karateschüler wissen je nach vergangener Zeit des Trainings, was als nächstes folgt. Einfach mal umstellen und mit der Kata beginnen. Auch bei der Aufwärmgymnastik nicht immer mit der gleichen Übung starten.

Im Frühjahr verspürt der Mensch neue Kräfte. Er ist froh gestimmt, da das Wetter jetzt wieder besser wird und die Sonne öfters herauskommt. Die ideale Zeit für Trainingsschwerpunkt Kondition und Grundschule.

Ankündigen, was in den nächsten 6 Wochen Schwerpunktthema im Training ist: z. B. Kumite oder diese oder jene Kata ist Schwerpunkt

Jahresschwerpunkt Randori: In jeder Trainingseinheit ist über das gesamte Jahr Randori eingebaut.

Vor jeder Ferienpause das besondere Training: Im Training sind 17 Karatekas. Nach kurzer Aufwärmgymnastik wird bekannt gegeben, dass gekämpft wird. Jeder muss dreimal starten. Die Punkte werden leicht vergeben. Wenn die Technik den Weg ins Ziel gefunden hat, gibt es einen Punkt. Nachdem die Schüler dies verstanden haben, werden sie auch als Kampfrichter eingesetzt. Die erfahrenen Karatekas, die das Spiel schon kennen, geben ihren jeweiligen Gegnern extra Gelegenheit zu punkten. Der Lerneffekt und die Freude sind enorm.

Das Gleiche mit Kata: Es werden Mannschaften mit 3, 4 oder 5 Leuten gebildet. Die Mannschaften üben verteilt in der Halle. Anschließend führen sie die Kata vor. Danach zeigen die Karatekas einzelne Katas. Die Atmosphäre ist locker und es wird viel gelacht. Mal ohne Druck, wie bei Prüfung oder Meisterschaft, Karate praktizieren, gibt den Karatekas sehr viel Sicherheit bei der Ausführung ihrer Kata.

Befreundetes Dojo suchen und zu bestimmten Anlässen gemeinsam trainieren.

Die Aufwärmgymnastik jedes Mal von einem anderen Schüler durchführen lassen. Hierbei die Zeit vorgeben, sonst sind manche Vorturner nach „1 Stunde immer noch nicht warm". Denen fehlt es noch an Zeitgefühl, wenn sie das erste Mal vor einer Gruppe stehen.

Trainer eines anderen Dojos zur Leitung des wöchentlichen Trainings einladen.

Während des alltäglichen Trainings wird zu wenig gelobt. Immer nur korrigiert. Und dann dieses noch verbessern und jenes. Schön und gut. Auch mal loben, wenn etwas gut gemacht wurde. Vor die Gruppe stellen und die Technik demonstrieren lassen.

Als Trainer sich bewusst machen, nicht zu viel zu reden. Das Training fließen lassen. Ab einem bestimmten Punkt hören die Schüler sowieso nicht mehr aufmerksam zu. Weniger reden ist mehr.

1989 Lehrgang mit Hideo Ochi in Bad Homburg: Martin Da Re, Volker Hartmann, Wolfgang Kunze, Hannes Woskowski und Risto Kiiskilä

Mitte der 80er Jahre wurde noch ohne Faustschützer gekämpft. Erich Landgraf (Idstein) und Uwe Reich (Gießen) auf der Hessenmeisterschaft 1986

24 Anmerkungen zum Mae-Geri

Mae-Geri gehört zu den am häufigsten trainierten Fußtechniken. Durch fehlerhafte Vermittlung und falscher Vorstellung von der Technik, kommt der Fußtritt im Wettkampf kaum noch zum Einsatz. Ich persönlich praktiziere zwei Arten des Mae-Geri: Einmal Peitschenförmig geschnappt (kommt eher von unten ins Ziel) und einmal gestoßen (hier wird das Anziehen des tretenden Beines mehr betont). In beiden Fällen jedoch schnappt das Bein, da in der Grundschule so eingeübt, automatisch zurück.

Haltung der Hände bei Mae-Geri

Die Hände bzw. Arme müssen bei Mae-Geri immer vor dem Körper gehalten werden. Der Arm, auf der Seite des tretenden Beines, darf nie nach hinten genommen werden, sonst fällt der Oberkörper zurück und der Karateka somit nach vorne in den Gegner hinein. Um die richtige Haltung der Arme zu trainieren, praktiziere Mae-Geri mit Oi-Tsuki-Jodan nach dem Absetzen des Fußes; anschließend Kamae.

Fuß-Haltung bei Mae-Geri

Bei Mae-Geri in der Ausführungsform der Grundschultechnik wird der Fußknöchel des tretenden Beines nach oben angezogen und bleibt in dieser Haltung, der Fußknöchel ist gespannt. Diese Ausführungsweise schont unsere Kniegelenke. Das Knie ist ein Scharniergelenk. Würden wir bei den vielen Wiederholungen des Mae-Geris im Training jedes Mal in der Endphase des Fußtritts mit der Spitzfußhaltung treten, wobei das Kniegelenk flach einrastet, so würden unsere Knie auf Dauer Schaden nehmen. Nur in der Anwendung, im Kampf, mit dem Ziel zu treffen, kommt die Spitzfußhaltung zu Anwendung, da mit dem Fußballen getroffen wird.

Haltung des Knies bei Mae-Geri

In der Grundschule sollte der Schwerpunkt in der Stellung Zenkutsu-Dachi nicht zu tief liegen, denn der Tritt sollte erfolgen, ohne dass eine Veränderung des Standbeines erforderlich ist. Bei einem zu tiefen Zenkutsu-Dachi muss das Knie des Standbeines etwas durchgedrückt werden, um aus der Stellung herauszukommen, um so einen Tritt erst zu ermöglichen. Mae-Geri wird direkt aus der Standposition heraus getreten. Das Knie des tretenden Beines ist in der Endstellung in der Ausführungsform des Kihon nie ganz durchgedrückt. Das Knie würde bei durchgedrückten Knien in der Endstellung auf Dauer Schaden nehmen.

Bewegung der Hüfte bei Mae-Geri:
Der Oberkörper und die Hüfte bleiben bei Mae-Geri in der Grundschule gerade; die Hüfte wird nicht nach vorne geschnickt. Im Kumite befindet sich die Hüfte durch das Treffen des Mae-Geri bedingt vor dem Standbein. Optisch ist die Hüfte über das Standbein nach vorne geschoben. Dies geschieht jedoch durch das Hineingehen in den Gegner in der Anwendungsform und nicht durch Vorschieben der Hüften als Bestandteil der Ausführungsform der Technik. Der Shiai sollte das Gefühl haben, dass das Bein des tretenden Beines ganz gestreckt ist. Durch das Zurückziehen des tretenden Beines in der Grundschule kommt im Kumite bei Mae-Geri das Bein nach dem Körperkontakt automatisch zurück. Im Idealfall zeigt der Fuß des Standbeines nach vorne. In der Praxis ist aber oftmals nicht zu vermeiden, dass der Fuß leicht auswärts dreht.

Treffen mit Mae-Geri
Ein Treffen im Kumite mit Mae-Geri ist jedoch nur möglich, wenn der Karateka das Treffen am Makiwara, Schlagpolster und durch Übungen am Partner, leichter Kontakt am Solarplexus, gelernt hat. Sowohl beim Training am Makiwara als auch am Schlagpolster, sollen die Fußballen beim Kontakt nur leicht touchieren. Der Karateka muss wissen, wie das Gefühl ist, wenn die Fußballen beim Treffen kontakten. Diese geistige Verarbeitung des Fußtritts ist die Grundvoraussetzung für das Treffen. Wer diese Stufe des Übens nicht praktiziert, tritt nur

ziel- und nutzlos in der Luft herum. Wurde einmal die Erfahrung des Treffens gemacht, wird der Karateka immer wieder mit Mae-Geri, z.B. im sportlichen Wettkampf, Wertung erzielen können.

Entschlossenheit beim Tritt mit Mae-Geri

Mae-Geri muss entschlossen getreten werden mit der Intention zu treffen. Ängste vor schmerzhaften Blocktechniken und Verletzungen machen den Erfolg der Technik zunichte. Deshalb sollte in den Übungsformen des Kihon-Ippon-Kumite und Jiyû-Ippon-Kumite mit Nagashi-Uke abgewehrt werden. Nur durch eine gute Abwehrtechnik des Partners ist es möglich, Mae-Geri zu erlernen. Abwehrtechniken, welche zu schmerzhaften Kontakten führen sind verantwortlich, dass Mae-Geri in der Anwendung nicht mehr beherrscht und deshalb im Wettkampf zu selten angewandt wird.

Vorteil des Mae-Geri als Technik

Die Gegner auf der Kampffläche heutzutage erwarten keinen Mae-Geri. Ein entschlossener Mae-Geri trifft deshalb auf wenig Gegenwehr. Der Tritt geht durch die Deckung hindurch. Die Gegner sind nicht darauf gewappnet, den Mae-Geri optimal zu parieren. Selbst wenn der Mae-Geri auf die Deckung trifft, ist der Schock beim Gegner groß. Er wird seine Aktionen in der nächsten Zeit nach einem Angriff mit Mae-Geri etwas verhaltener ausführen, da er wieder mit so einer starken Technik rechnet.

Der Abstand, welcher von zwei Gegnern in der Regel auf der Kampffläche eingehalten wird, entspricht genau der Distanz, um einen entschlossenen Mae-Geri direkt ins Ziel zu bringen. Die Distanz kann mit einem Steppschritt des vorderen Fußes nach vorne etwas verkürzt werden. Ebenso um Mae-Geri als Deai-Technik anzuwenden, den vorderen Fuß etwas zurückziehen, um so die optimale Distanz zum Kontern herzustellen.

25 Die Karate-Stellung oder Schrittbewegung mit den einzelnen Stellungen

Allgemeines: Wenn wir von der Karate-Stellung oder einem sicheren Stand in der Technik sprechen, so müssen wir uns verdeutlichen, dass Karate-Stellung etwas mit Bewegung aus einer sicheren Stellung heraus in die nächste sichere Stellung zu tun hat unter Beibehaltung der Möglichkeit, die jeweils erforderliche Angriffs- oder Abwehrtechnik optimal ausführen zu können. Ausgehend von der Chudan-Kamae-Stellung hat sich Zenkutsu-Dachi entwickelt, um sich nach vorne zu bewegen. Kokutsu-Dachi, um mit einer 45 Grad Rückwärtsbewegung auszuweichen und Kiba-Dachi, um sich seitwärts zu bewegen. Die Bewegungen müssen unabhängig von Angriffs- oder Verteidigungstechniken gesehen werden. Es trifft aber zu, dass z. B. Kokutsu-Dachi zum Ausweichen in der Rückwärtsbewegung mit einer Abwehrtechnik bevorzugt wird.

Anmerkung zur Bewegung Zenkutsu-Dachi und Ausweichbewegung Kokutsu-Dachi

Das Vorgleiten mit dem geraden Fauststoß Oi-Tsuki in Zenkutsu-Dachi entwickelte sich aus einer Art Kiba-Dachi heraus. Überprüfe es durch Vorgehen mit Oi-Tsuki in Kiba-Dachi; es entspricht einem Nacheilen des Gegners mit einem Fauststoß. Oder lasse Karate-Anfänger, welche zuvor noch nie Karate gesehen haben, Kamae einnehmen und stelle ihnen die Aufgabe, einen Schritt nach vorne zu gehen und einen Fauststoß zu machen. Die Endstellung wird eher Kiba-Dachi entsprechen als Zenkutsu-Dachi ähneln. Um einen Angriff erfolgreich abzuwehren, ist von der Karate-Stellung her eine Ausweichbewegung erforderlich. Bei einer Abwehr rückwärtszugehen ohne auszuweichen ist möglich, in der Regel aber „tödlich". Der Schlüssel zum Erfolg eines Kämpfers im Defensivbereich ist die Beherrschung von Ausweichen und Kontern. Hier kommt auch einer der Mängel der Prüfungsordnung zum Ausdruck. Die Prüfungsordnung sollte sich an der Karate-Praxis orientieren. Es fehlen die

Ausweichstellungen in ihrer Anwendung. Shuto-Uke in Kokutsu-Dachi wurde nicht entwickelt, um gerade rückwärtszugehen und abzuwehren, sondern um seitlich auszuweichen, abzuwehren und zu kontern. Ebenso wurde Kiba-Dachi nicht entwickelt, um Yoko-Geri-Keage oder -Kekomi im Vorgehen zu stoßen bzw. zu treten. Kiba-Dachi ist hier nur eine gute Form, um Yoko-Geri in der Grundschule im Vorgehen zu trainieren.

Gehen und Bewegen in den verschiedenen Fußstellungen – Stand -

Wir müssen unterscheiden bei der Beschreibung der einzelnen Fußstellungen zwischen dem sich befinden in einer Fußstellung, also Stand, und in dem sich Bewegen mit der jeweiligen Fußstellung; z.B. in der Vorwärtsbewegung. Je tiefer der Schwerpunkt, desto fester der Stand. Der Schwerpunkt darf aber auch nicht zu tief liegen, da man sich sonst nicht mehr optimal aus der Stellung heraus bewegen kann. Aus diesem Grund muss jeder Karateka für sich selbst herausfinden, wie hoch oder wie tief er sich bewegt; wo sein Schwerpunkt liegt.

In einer guten Stellung, Zenkutsu-Dachi, Kiba-Dachi usw., muss es möglich sein, längere Zeit darin zu verharren. Wenn nach kurzer Zeit in einer Stellung die Oberschenkelmuskulatur anfängt zu zittern, ist der Karateka entweder nicht trainiert oder er steht falsch. Die Fußstellung im Stand sollte stabil, jedoch nicht so statisch sein, dass man nicht geschmeidig in die nächste Standposition wechseln kann.

Haltung der Füße

Die Impulse der Füße in der Bewegung beim Kämpfen, sowohl im Randori als auch im sportlichen Wettkampf, gehen von den Fußballen aus. Das Gleichgewicht ruht auf den Fußballen. Dies bedeutet nicht, dass die Fersen permanent angehoben sind. Vom Gefühl her sollte man unter den Fersen ein Blatt Papier schieben können. Das Kontakten am Boden mit den Fersen dient zur

Stabilisierung der Position. Beide Füße sind leicht einwärts gedreht. Die Knie sind leicht gebeugt. Das Gefühl in den Beinen sollte als locker und entspannt empfunden werden. Dies ist die Ausgangsposition für das Steppen bzw. nach vorne gleiten, aber auch für das seitliche Ausweichen und die Bewegungen insgesamt beim Kämpfen.

Zum Nachprüfen: Stelle dich in Kampfposition, beide Füße leicht einwärts gedreht. Diesmal verlagere das Gleichgewicht auf die Fußsohlen, also sowohl auf die Fußballen als auch auf die Fersen. Du wirst feststellen, dass du sehr stabil stehst. Nur, aus dieser Position kannst du dich nicht schnell genug heraus bewegen, sowohl beim Angriff als auch beim Abwehren und Kontern.

Übungsbeispiel für Wechsel in verschiedene Fußstellungen
Um zu verdeutlichen, dass der Stand in den verschiedensten Fußstellungen etwas mit Bewegung zu tun hat, praktiziere folgende Übung:

Nimm Chudan-Kamae ein. Gehe vor in Zenkutsu-Dachi, weiche zur Seite aus mit Kiba-Dachi aus und gleite 45 Grad rückwärts mit Kokutsu-Dachi.
Du wirst feststellen, dass die Bemühungen bei dieser Übung zunächst bei dem Schwerpunkt der tiefen Stellung - Grundschule - liegen. Dies kommt durch die Überbetonung der tiefen Stellung bzw. allgemeiner Schwerpunkt im Training. Tief stehen ist sehr gutes Training für die Oberschenkelmuskulatur Für einen Anfänger ist es wichtig darauf hingewiesen zu werden, dass die Stellung und damit der Schwerpunkt tief liegen sollten. Für einen fortgeschritten Karateka sollte das selbstverständlich sein, jedoch so, dass die Beweglichkeit nicht eingeschränkt ist. Praktiziere jetzt die gleiche Übung mit dem Gedanken, dass Du um Leben und Tod kämpfst und erkenne, welche Veränderungen in der Bewegung und der Stellung sich

jetzt ergeben haben. Als nächstes füge Angriffs- und Verteidigungstechniken hinzu und beobachte den Unterschied von Kombinationen in der Grundschule und jetzt. Du wirst die Bewegungen automatisch mit höherer Hüftposition ausüben, um beweglicher und vor allem schneller die Techniken ausführen zu können. Der letzte Schritt bei dieser Übung ist die eigene Kreativität. Erweitere selbständig die vorgegebene Übungsform und mache hierdurch die Erfahrung, wie Deine Karatetechniken sich in ihren Ausführungen befreien.

Zenkutsu-Dachi:
Vorwärts- und Rückwärtsgleiten
Wenn wir uns Zenkutsu-Dachi in der Vorwärtsbewegung betrachten, müssen wir uns zunächst für eine Ausgangsstellung entscheiden: Ausgangsstellung Zenkutsu-Dachi mit dem linken Fuß vorne stehend.
In der Zenkutsu-Dachi Endstellung ist das hintere Bein leicht gebeugt. Nur bei der Ausführung einer Technik in der Endphase, zum Beispiel bei einem Oi-Tsuki, ist das hintere Bein für einen kurzen Augenblick gestreckt. Wenn ich jetzt einen weiteren Schritt Zenkutsu-Dachi nach vorne gleiten will, muss ich zunächst in der Stellung entspannen, das heißt, dass insbesondere das hintere Bein leicht gebeugt ist. Schulterbreite Stellung.

Merke: Das hintere Bein in Zenkutsu-Dachi ist nie gestreckt, sondern leicht gebeugt. Nur bei der Ausführung eines Tsukis ist das hintere Bein in der Endphase kurz gestreckt. Bei Kombinationen mit Abwehr- und Kontertechniken (z.B. Age-Uke/Gyaku-Tsuki) ist bei der Abwehrtechnik das hintere Bein gebeugt und wird erst bei der Kontertechnik gestreckt.

Vorgleiten mit Zenkutsu-Dachi

Der Impuls zum Vorgleiten in Zenkutsu-Dachi erfolgt durch das Abdrücken des Fußballens des hinteren Fußes. Hierdurch wird das hintere Bein gestreckt. Die Ferse wird hierbei nicht angehoben. Gleichzeitig bewegt sich das Knie des vorderen Beines leicht nach vorne, bis über die Oberschenkelmuskeln Druck auf den Fußballen des vorderen Fußes ausgeübt wird und dieser sich nach vorne abdrückt. Im Augenblick des Abdrückens mit dem Fußballen des vorderen Fußes, ruht das gesamte Körpergewicht auf diesem abdrückenden Fuß. Der so entlastete hintere Fuß kann zeitgleich mit hoher Geschwindigkeit nach vorne gleiten, passiert hierbei parallel eng den abstoßenden Fuß und setzt vorne mit gebeugtem Knie in Zenkutsu-Dachi wieder ab.

Mehrheitlich wird Zenkutsu-Dachi wie folgt gelehrt

Der Impuls zum Vorgleiten in Zenkutsu-Dachi erfolgt durch das Abdrücken des hinteren Fußes. Der vordere Fuß zieht das hintere Bein heran und stößt mit dem Fußballen wieder nach vorne ab, sobald der hintere Fuß den vorderen Fuß eng parallel passiert hat. Der zuvor hintere Fuß setzt nun vorne mit gebeugtem Knie in Zenkutsu-Dachi ab.

Häufige Fehler bei Zenkutsu-Dachi

Der Fuß des vorderen Beines wird vor dem Vorgehen 45 Grad auf der Ferse nach außen gedreht. Der Oberkörper schwingt erst leicht nach vorne (Schwungholen). Hüfte beim Vorgleiten nicht auf einer Ebene. Die Füße gleiten nicht sondern werden angehoben.

Anmerkung: Steht hoch, aber korrekt, so dass ihr eure Hüften noch richtig bewegen könnt!

Rückwärtsgleiten in Zenkutsu-Dachi

Beim Rückwärtsgleiten in Zenkutsu-Dachi geht der Impuls vom Oberschenkel des vorderen Beines aus. Der hintere Standfuß wird geradegerichtet. Sobald der vordere Fuß den Fuß des hinteren Beines passiert, geht der Impuls zum Oberschenkel des hinteren Beines.

Wendung mit Zenkutsu-Dachi/Gedan-Barai

- Ausgangsstellung Zenkutsu-Dachi/rechter Fuß vorne
- folgende 4 Bewegungsabläufe gleichzeitig:
- ausholen mit Faust von der rechten Hüfte zur rechten Halsseite, Daumen der Faust nach oben
- rechter Arm zeigt mit der Faust in Bauhöhe nach hinten
- das hintere gestreckte Bein mit doppelter Schulterbreite umsetzen
- Blick über die Schulter
- und Drehung mit gleichzeitiger Ausführung des Blocks

Kiba-Dachi   Im Stand: Seitwärtsstand

In der Bewegung: Seitwärtsgleiten/Ausweichen
- Füße stehen parallel auf einer Linie
- der Schwerpunkt liegt in der Mitte
- beide Knie sind stark nach vorne gebeugt
- der Oberkörper ist aufrecht; Rücken gerade
- Kopfhaltung aufrecht, Becken noch vorne geschoben

Bei der Beschreibung der Stellung Kiba-Dachi ist zu beachten, dass die Bezeichnung "Knie nach außen gedrückt" falsch ist. Die Füße stehen, je nach Körpergröße bedingt, ca. 80 cm parallel auseinander, die Knie sind nach vorne gebeugt; der Druck des Knies geht nach vorne in Richtung Fußzehen.

Kiba-Dachi ist die Ausweichbewegung bei der Abwehr zur Seite. Sie wird als solche zu wenig angewendet bzw. trainiert. Welche Vorteile diese Ausweichbewegung hat, können wir uns verdeutlichen, wenn wir uns Kiba-Dachi als Stellung bei der

Abwehr in der Kumite-Form Kihon-Ippon-Kumite und Jiyû-Ippon-Kumite vorstellen.

Übungsbeispiel für Bewegung mit Kiba-Dachi
Ausgangsstellung des Gegners Chudan-Kamae links vor:
Angriff: Jodan-Oi-Tsuki
Abwehr: Links ausweichen in Kiba-Dachi/rechter Arm Uchi-Ude-Uke-Jodan
Konter: Chudan-Mawashi-Geri mit dem rechten Fuß o d e r rechter Fuß 45 °nach rechts umsetzen in Zenkutsu-Dachi/ linke Faust Gyaku-Tsuki
Angriff: Chudan-Oi-Tsuki
Abwehr: Links ausweichen in Kiba-Dachi/Gedan-Barai
Konter: Chudan-Mawashi-Geri mit dem rechten Fuß o d e r rechter Fuß 45° nach rechts umsetzen in Zenkutsu-Dachi/ linke Faust Gyaku-Tsuki

Kokutsu-Dachi   Im Stand: Rückwärtsstellung; Gewichtsverteilung 30:70
                    In der Bewegung: 45 ° Rückwärtsgleiten
-    Füße stehen von den Fersen ausgehend auf einer Linie
-    der hintere Fuß ist nach außen gedreht, die Fußzehen zeigen etwas nach vorne,
-    das hinter Bein ist stark gebeugt, das Knie zeigt in Richtung Fußzehen, Gewichtsverteilung 70 %
-    der vordere Fuß zeigt gerade nach vorne, das Bein ist leicht gebeugt, Gewichtsverteilung 30 %
-    der Oberkörper ist aufrecht, gerade; die hintere Schulter ist leicht nach vorne eingedreht
-    Kopfhaltung aufrecht, Blickrichtung nach vorne

Kokutsu-Dachi bedeutet, bei einem Angriff 45 Grad ausweichen, ohne die wirkliche Distanz zu vergrößern. Die Bezeichnung Rückwärtsstellung kommt eher daher, dass das Körpergewicht zu 70 % auf dem jeweiligen hinteren Fuß ruht. Vom Verständnis her bedeutet Kokutsu-Dachi 45° rechts oder links mit der Technik auszuweichen. Ebenso wie bei der Stellung Kiba-Dachi, ist auch bei Kokutsu-Dachi die Beschreibung, dass das Knie des hinteren Beines nach außen gedrückt wird, falsch. Das Knie des hinteren Beines ist stark gebeugt; der Druck im Knie geht in Richtung Fußzehen und nicht nach außen. Der Fuß des hinteren Beines wird leicht einwärts gestellt, so dass die gedachten Linien an der Fußinnenseite im Schnittpunkt einen Winkel von 60° bilden, nicht 90° wie oft in Fachbüchern beschrieben. Stehen die Füße in einem Winkel von 90° zueinander besteht der Ausführungsfehler, dass der hintere Fuß nach dem Vorwärts- oder Rückwärtsgleiten nach hinten zeigt. Beim Vorgleiten zeigt der Fuß des hinteren Beines bis kurz vor dem Absetzen nach vorne. Ebenso wird die Hüfte so lange wie möglich gerade gehalten. Erst im letzten Augenblick, kurz vor dem Absetzen des Fußes, wird die Hüfte abgedreht. In der Endstellung ist der Oberkörper nicht ganz abgedreht; die hintere Schulter zeigt leicht nach vorne.

Grundschulmäßig mit Kokutsu-Dachi ausweichen.
Ausgangsstellung links Zenkutsu-Dachi/Chudan Kamae:
- nach links ausweichen: Linker Fuß zurückziehen und damit 45 ° nach links ausweichen zu Kokutsu-Dachi
- nach rechts ausweichen: Rechter Fuß 45 ° nach rechts ziehen und linker Fuß zu Kokutsu-Dachi nachziehen
- nach rechts ausweichen – Variante: Linker Fuß zurückziehen (ganz herumziehen) und weiter 45° nach rechts zurückziehen.

Verfestigung der Ausweichbewegung mit Abwehr bei gleichzeitiger Beherrschung einer Variante; ganzer Schritt:
Ausgangsstellung links Zenkutsu-Dachi/Gedan-Barai
· vorgehen Oi-Tsuki-Jodan
· nach rechts, mit dem vorderen Fuß 45° ausweichen in Kokutsu-Dachi/Uchi-Ude-Uke
· linken Fuß umsetzen in Zenkutsu-Dachi/Kizami-Tsuki/Gyaku-Tsuki
· vorgehen rechtes Bein in Zenkutsu-Dachi/Gedan-Barai
(bei der nächsten Kombination nach links ausweichen usw.)
[Schwerpunkt Kizami-Tsuki/Gyaku-Tsuki als Kontertechnik in der Ausweichbewegung]

Einleitung zur Kombination
Für den Wettkampf: Beide Karatekas haben mit ihren Techniken keine Wertung erzielt und stehen sich jetzt sehr nahe gegenüber. Die Distanz für eine Folgetechnik - Tsuki - ist zu kurz. Nur durch Zurückziehen des vorderen Fußes ist die Distanz für Gyaku-Tsuki vorhanden. Ausgangsstellung links Chudan-Kamae:
· vorgehen Oi-Tsuki-Jodan
· nach rechts, mit dem vorderen Fuß 45° ausweichen in Kokutsu-Dachi/Gedan-Barai
· linken Fuß zurückziehen, dadurch hohe Stellung in Zenkutsu-Dachi/rechte Hand Te-Osae-Uke
· rechtes Bein vorgehen Zenkutsu-Dachi/links Gyaku-Tsuki-Chudan
· rechter Fuß umsetzen in Zenkutsu-Dachi/Gedan-Barai
(bei der nächsten Abfolge der Kombination links ausweichen usw.)

Die Überleitung der sinnvollen Bewegungen und Techniken der Grundschule in praxisorientierte Bewegungen für den freien Kampf. Der Schüler soll durch praktisches Üben erfahren, wie er aus der Statik der Grundschule in die entspannte lockere aufmerksame Bewegung, hier Kampfhaltung, gelangt, aus der die dynamischen Angriffskombinationen und Abwehrtechniken erfolgen. Der Übende wird intellektuell mit in die körperliche Ausführung einbezogen.

Kampfhaltung – Der Stand –

Die einzige Kampfhaltung an sich gibt es nicht. Jeder Karateka muss seinen Kampfstil, seine persönliche Art im Kampf sich zu bewegen selbst herausfinden. Die Bewegung sollte nicht als wesensfremd empfunden werden, sondern als angenehm und locker in aufmerksamer Haltung. Die Bewegung an sich darf nicht als körperlich anstrengend empfunden werden.

Einführung in den Stand

Ausgangsposition: Blickrichtung nach vorne. Schulterbreite, parallele Stellung der Füße, der linke Fuß voran 45° Grad zur linken Raumecke. Das Körpergewicht ist gleichmäßig verteilt auf beiden Fußsohlen. Den Trainierenden wird erklärt, dass sie jetzt zwar stabil, dafür aber statisch stehen und lockeres geschmeidiges bewegen nicht möglich ist, sobald man in der Ausgangsstellung – Kampfhaltung - mit beiden Fußsohlen bei aufrechter Körperhaltung steht. Jeder Trainierende soll jetzt für sich diese Aussage nachempfinden und überprüfen. Als nächstes wird der linke Fuß um Fußesbreite nach links versetzt. Beide Knie werden leicht gebeugt. Der hintere Fuß wird nach innen gedreht, so dass die Fußzehen nach vorne zeigen. Die Ferse des hinteren Beins wird angehoben. Die Körperhaltung soll als entspannt in aufmerksamer Haltung empfunden werden.

Gleit- und Schrittbewegungen für das sportliche Kämpfen
Der Impuls der Füße im Kampf geht von den Fußballen aus. Beide Fersen dürfen zwar zur Stabilisierung der Körperhaltung immer wieder mal den Boden berühren, jedoch in dem Bewusstsein, dass man unter die Fersen ein Blatt Papier schieben kann.

Der erste Impuls zum Vorgleitern erfolgt durch den Fußballen des hinteren Fußes. Beide Füße gleiten gefühlsmäßig gleichzeitig nach vorne und wieder zurück. In der Realität bewegt sich der vordere Fuß zuerst und der hintere Fuß wird nachgezogen (Okuri-Ashi).

Es ist auch eher ein Steppen als ein Vorgleiten. Die überbrückte Distanz ist eher gering. Der Schwerpunkt bei dieser Übung ist ein Körpergefühl für das Steppen zu entwickeln. Bei dieser Bewegung kann der Fußballen des vorderen Fußes permanent den Boden berühren.
Wird diese Steppbewegung zur Überbrückung der Angriffsdistanz verwendet, so ist die Bewegung des vorderen Fußes deutlich länger.

Gleitschritt – Yori-Ashi
Gleitschritt, wobei der hintere Fuß zunächst an den vorderen Fuß herangezogen wird und anschließend der vordere Fuß die Bewegung nach vorne fortsetzt. Der Impuls für die Fortsetzung der Bewegung nach vorne erfolgt vom Fußballen des hinteren Fußes Der hintere Fuß wird bei dieser Bewegung nicht vor den vorderen Fuß, also über Kreuz, abgesetzt.

Übungsziel:
Zunächst Unterscheidung der beiden Schrittbewegungen. Nach überschaubarer Zeit soll der Ablauf des gesamten Schrittrepertoires bekannt sein und sicher situationsbedingt angewendet werden.

Praktische Anwendung mit Gyaku-Tsuki als Angriffstechnik:
Umsetzung der Schrittbewegung am Makiwara mit Gyaku-Tsuki. Die ausführende Faust wird nach dem Kontakt sofort wieder bis zur Hüfte – Hikite – zurückgezogen. Der Kontakt am Makiwara verstärkt den Impuls für das Zurückziehen der Faust. Gleichzeitig wird durch den Widerstand am Makiwara die Wirksamkeit der ausgeführten Technik spürbar.

Beim Auftreffen der Faust auf das Schlagpolster ist die Faust bereits gedreht!

26 Anmerkungen zum Makiwara

Neben den Grundsäulen Kihon, Kata und Kumite, ist das Praktizieren am Makiwara als 4. Grundsäule des Karate anzusehen. Das Trainieren am Makiwara dient zur Selbsterfahrung der Karatetechnik. Das Schlagen auf das Makiwara umfasst die geistigen als auch die körperlichen Auseinandersetzungen mit der Karatetechnik. Womit Makiwaraschlagen meines Erachtens nur im geringen Maß etwas zu tun hat, ist die Abhärtung von Gliedmaßen. Ausgeprägte Handknöchel der Zeige- und Mittelfinger zeugen von Verletzungen. Es ist richtig, dass mit der Zeit die Knöchel der Faust durch das Makiwaratraining etwas schmerzunempfindlicher werden, jedoch nicht in dem Maß, wie es allgemein propagiert wird. Ähnlich wie beim Fußballspiel ein gewisses Ballgefühl erforderlich ist, damit ich den Ball korrekt annehmen und ggf. stoppen kann, erlange ich durch das Training am Makiwara ein Gefühl für die jeweilige Technik. Sobald es bei der Ausführung der Karatetechnik zum Kontakt kommt, kann ich die Technik zurückziehen. Ich erlange mit der Zeit die Fähigkeit, meine Technik von der Schlagkraft her zu dossieren.

Noch einmal: Am Makiwara wird das Treffen mit der Technik an sich als auch das kurze Anspannen im richtigen Augenblick geschult. Wie die Technik sich im Augenblick des Auftreffens anfühlt, ist eine notwendige Erfahrung, um die Technik anwenden zu können. Man sollte auch ab- und an bewusst während der Ausführung der Techniken daran denken, wie fühlt sich dieses Auftreffen an. Grundvoraussetzung ist ein guter Makiwara, welcher sich beim Treffen mit der Technik zwischen 2 bis 5 cm zurückbewegt. Ungeeignete Makiwaras sind daran zu erkennen, dass sie von den Karatekas nicht beansprucht werden. Oftmals sind sie zu hart und geben zu wenig nach. Bei dem Auftreffen auf die Schaumstoffpolsterung sollte man nicht das Gefühl haben, auf die dahinter befindliche

Holzlatte geschlagen zu haben. Sollte dies der Fall sein, dann ist die Polsterung zu weich.

Zunächst sollte man bei geringer Geschwindigkeit und wenig Schlagkraft, ca. 30 bis 40 %, treffen. Später erfolgt eine Steigerung der Schlagkraft auf 60 bis 70 % usw. Dem Anfänger sollte man zu Beginn des Trainings am Makiwara darauf hinweisen, dass der Schwerpunkt zunächst das sichere Treffen der Mitte des Schlagpolsters das Lernziel ist. Wird durch den Anfänger das Schlagen sofort mit höchster Geschwindigkeit begonnen, besteht die Gefahr, dass man das Schlagpolster verfehlt oder an der Außenkante streift und sich ggf. verletzt. Ebenso ist darauf aufmerksam zu machen, dass das Handgelenk auch beim Schlagen mit geringer Schlagkraft angespannt ist, damit es nicht umknickt und zu Verletzungen führt. Sobald die Treffsicherheit erreicht ist, empfehle ich, die Faust nach dem Treffen des Schlagpolsters wieder bis zur Hüfte (Hikite) zurückzuziehen. Bei der Technikausführung mit zurückziehender Faust –Hikite- verhindert der Gedanke an die Arretierung beim Auftreffen auf das Schlagpolster die korrekte Ausführungsform. Es darf nicht das Gefühl bestehen, die Faust nach dem Auftreffen wieder bewusst zurückziehen zu müssen, sondern die Faust muss automatisch wieder bis zur Hüfte (Ausgangsposition) zurückfedern.

Die Faust wird kurz vor dem Auftreffen auf das Schlagpolster gedreht und der Gegendruck wird in den Ellenbogen abgefangen; nicht mit den Schultern. Nach dem Auftreffen bleibt die Faust auf dem Schlagpolster; der Makiwara wird geführt. Wird die Faust erst auf dem Schlagpolster gedreht, löst sich nach wenigen Schlägen die Haut der Faustknöchel. Wer die Ellenbogen schonen möchte, sollte diese nicht ganz durchdrücken. Sobald man regelmäßig am Makiwara trainiert, wird man sich angewöhnen, die Faust früher als in der Grundschultechnik gefordert zu drehen. Daher sollte der

Karateka bei seinem Training der Grundschultechniken bewusst darauf achten, dass die Faust wieder erst im letzten Moment gedreht wird.

Ausgangspositionen am Makiwara

Meine Haltung vor dem Makiwara ist locker und entspannt. Beim Schlagen mit Gyaku-Tsuki nehme ich meist Zenkutsu-Dachi als Standposition ein, da ich einen guten Hüfteinsatz habe. Wenn ich zusätzlich meinen Hüfteinsatz trainieren will, nehme ich als Ausgangsstellung Fudo-Dachi ein und wechsele in Zenkutsu-Dachi beim Schlagen.

Ebenso trainiere ich Oi-Tsuki im Vorgehen in Zenkutsu-Dachi. Die Faust ziehe ich nach den Treffen wieder zur Hüfte zurück.

Zielfindung

Durch das Technikgefühl, welches sich durch das Makiwara-Training entwickelt, kann man dann aus jeder Position einen Fauststoß „abschießen". Wie eine elektronisch gelenkte Rakete sucht sich die Faust ihr Ziel. Es kommt nicht mehr darauf an, in welcher Position sich die Faust beim Start des Fauststoßes befindet, sondern es kommt darauf an, wo das Ziel sich befindet. Gleich wo es ist, ich treffe es. Daher erübrigt sich auch das Training mit der Handpratze. Die Handpratze ist geeignet, um das Training kreativ zu gestalten oder für Sport-Karatekas, die durch die dicken Polster der Schützer nie gelernt haben, die Faust beim Treffen zu schließen.

Treffen mit Mae-Geri am Makiwara

Hier wird das Treffen mit den Fußballen geschult. Also auch hier erfolgt eine Sensibilisierung des Gefühls beim Auftreffen. Das Knie des tretenden Beines ist beim Auftreffen stark gebeugt. Es wird wegen der Verletzungsgefahr nur mit mäßiger Energie getroffen. Trefferfläche ist die Holzlatte des Makiwaras. Die Haltung der Hände ist beim Treffen vor dem Oberkörper.

Zur Thema Handpratze

Nichte wenige Karatekas halten das Training am Makiwara als antiquiert und werden mir entgegnen, welche guten Erfahrungen sie mit Handpratze und Schlagpolstern in ihrer langjährigen Trainingspraxis gemacht haben. Und das stimmt auch meiner Meinung nach. Die Frage ist nur die, welche technischen Fertigkeiten ich bei diesem Training erlenen bzw. trainieren will. Pratzentraining ist ideal, um die körperliche Beweglichkeit im Kampf zu simulieren und auch hierbei das Treffen mit wertbarer Technik zu üben. Für das Trainieren meiner Schlagkraft ziehe ich persönlich das Üben am Makiwara vor.

Jeder Karateka möchte natürlich spüren, wie sich sein Fauststoß mit 100%igem Muskeleinsatz anfühlt. Auch ich habe anfänglich ausschließlich so trainiert. Durch Erfahrung mit dem Makiwara habe ich dann später nur noch mit 50%iger Schlagkraft geschlagen. Dabei geht es auch um Schonung der Ellbogen und des Schultergelenks. Ich bin der festen Überzeugung, dass jahrzehntelanges unkontrolliertes Makiwara-Training schädlich ist. Nach 4 Jahrzehnten Makiwara-Training kann man das beurteilen. In den letzten Jahrzehnten ziehe ich die Faust deshalb immer bis zur Hüfte wieder zurück. Meine Gelenke haben es mir bisher gedankt. Als erfahrener Karateka überprüfe ich nur noch meine Körperhaltung und Techniken am Makiwara.

Beschreibung meines Makiwaras

Aus einer 3 Meter langen Fichtenholzlatte (mit Maserung; nicht geleimt) aus dem Baumarkt und Holzabfällen. Mein damaliger Arbeitskollege Lothar S. hat mir den innerhalb von 5 Minuten in seiner Hobby-Schreinerwerkstatt zurechtgeschnitten, nach dem ich ihm vorher erklärt hatte, um was es geht.
Mein Makiwara ist an der Wand befestigt. Zunächst wird ein 20 cm breites und 40 cm hohes Brett mit einer Stärke von 3 cm 30

cm über den Boden an der Wand befestigt. Auf das Brett kommt oben und unten eine Holzlatte mit Löchern für die Schrauben. Wichtig sind hier die

Unterlegscheiben für die Schrauben. Auf dieses Brett kommt ein Stück von einem Holzpfosten mit einer Länge von 20 cm und einer Tiefe von 15 cm. Die Breite entspricht der darauf befestigten Holzlatte; 110 cm Länge, 11 cm Breite und 2,5 cm Stärke. Die Holzlatte wird mit 3 Schrauben befestigt, welche ebenfalls durch zwei Holzverstrebungen befestigt werden. Auf der Rückseite des an der Wand befestigten Brettes sind mit einem Fräser Rundungen für die Schraubenmuttern gefräst, so dass das Brett mit der Rückseite vollständig an der Wand anliegt. Die Holzverstrebungen verhindern, dass die Holzlatte, bedingt durch die Schwingungen des Makiwaras, reist. Die Polsterung habe ich aus einer Schaumstoffunterlage von 1,7 cm Stärke zurechtgeschnitten, welche ich früher beim Fliesenlegen zu Schonung des Knies verwendet habe. Zur Befestigung des Polsters verwende ich Paketklebeband.

Anmerkung:
Es ist nicht möglich mit falscher Technik dauerhaft, also über eine längere Zeitspanne, am Makiwara zu trainieren. Entweder man versteht plötzlich die Technik und korrigiert diese entsprechend oder man hört auf, am Makiwara zu üben.

27 Karate-Dô in Japan!

Wie die japanischen Karatekas ihr Karate-Dô verstehen, kann ich abschließend nicht beantworten. Meine Beurteilung ist daher eher spekulativ, aber ehrlich. Ich glaube, die machen sich gar keine Gedanken darum. Das Karate selbst ist bei denen eher alles natürlich. Auch die Haltung zum Sensei, die Verbeugungen und Höflichkeiten kommen meines Erachtens mehr aus der japanischen Kultur als aus der sogenannten Budô-Tradition. Ich denke, dass wir uns hier in Deutschland wesentlich mehr kopflastige Gedanken darum machen als die Japaner. Hirokazu Kanazawa beschreibt dies in seinem von Dr. Wolfgang Herbert ins deutschsprachige übersetzte Buch – Im Zeichen des Tigers – wie folgt: „Als ich nach Deutschland kam, prasselten ununterbrochen Fragen auf mich herein. Schweigt und macht es einfach, dachte ich mir, während des Tuns wird euch alles klar!" Zitat Ende, Kanazawa -. Im Zeichen des Tigers – Seite 342.

Basho, ein sehr bekannter japanischer Dichter des 17. Jahrhundert schreibt mit wenigen Silben in Kalligrafie, wie er bei einem Spaziergang auf einer Landstraße an einer Hecke eine Blüte entdeckt. Es gelingt ihm mit wenigen Silben diesen Gefühlsausdruck zu beschreiben. Er berührt die Pflanze nicht, er versetzt sich ganz in sie hinein.

Tennyson, ein Dichter des Westens, erlebt die gleiche ergriffene Situation mit einer Blume in einer geborstenen Mauer. Er pflückt die Blume, reist sie mitsamt den Wurzeln heraus und schreibt: „Wüsste ich, was Du mitsamt deinen Wurzeln und alles in allem bist, wüsste ich, was Gott ist." Durch das Herausreißen hat er die Blume getötet und analysiert sie. Er befriedigt seine Neugierde, die Blume selbst ist ihm egal.

Mit der christlichen Freiheit im Denken, philosophische Darstellung des Glaubens, der Versuch eines Gottesbeweises usw. durch die Mönche des Mittelalters, erzeugte bei den Gesellschaften mit christlicher Sozialisierung ein analytisches

Denken. Mit diesem analytischen Denken konnte man eine Dampfmaschine entwickeln und eine Industrialisierung voranbringen. Der Nachteil ist, dass bei diesem realen analytischen Denken die Spiritualität verloren gegangen ist. Übertragen in das Lehren der Technik im Karate bedeutet dies, dass die östliche Hemisphäre, hier die Japaner, durch Nachahmen und Erfahrung lernen, während wir in der westlichen Hemisphäre als Studierende analytisch erklärt bekommen möchten, wie genau der Ablauf der Technik erfolgt und warum so und nicht anders. Und genauso verhält es sich mit der Frage nach dem Karate-Dô. Karate-Dô kann man nicht lehren, sondern nur erfahren. Ich könnte dem geneigten Leser erklären, dass es sehr schmerzhaft und gesundheitsschädlich ist, wenn man seinen Finger in kochendes Wasser hält. Vielleicht erhalte ich sogar die Zustimmung des Lesers, dass dies sehr schmerzhaft und gesundheitsschädlich ist, obwohl er selbst noch nie einen seiner Finger in kochendes Wasser gesteckt hat. Sollte einer meiner Leser jedoch auf den dummen Gedanken kommen, seinen Finger in kochendes Wasser zu halten wird er feststellen, dass es einen gewissen Unterschied zwischen Erklären und Erfahren gibt (Bitte stecken Sie nicht einen ihrer Finger in kochend heißes Wasser. Es ist sehr schmerzhaft und schadet ihrer Gesundheit!).

Ebenso das Meister-Schüler-Verhältnis, ob innerer Schüler oder äußerer Schüler (Uchi Deshi oder Soto-Deshi), würde ich, wenn überhaupt, bei anderen Karatestilen, insbesondere in Okinawa, vermuten. Wer hier in Europa vielleicht insgesamt 7-mal bei Kase Sensei auf Lehrgängen war und sich anschließend als Uchi-Deshi Schüler (innere Schüler) bezeichnet, ist mir persönlich suspekt. Wenn ich ganz ehrlich bin, über so etwas kann ich nur lauthals lachen. Also, wer nach Japan reist in der Hoffnung, ein Meister wird sich ihm freudig annehmen und ihm den Weg zeigen, der wird wohl enttäuscht werden.

28 Sensei bedeutet im japanischen Lehrer/Meister

Im Karate, und sicher gilt dies auch für die anderen Budôdisziplinen, galt in der westlichen Hemisphäre der Schwarze Gürtel, beginnend mit dem 1. Dan als der erste Meistergrad, welcher mit der japanischen Anrede Sensei verbunden wird. Dies ist definitiv falsch. Um es vorwegzunehmen: Sensei, im Sinne von Meistergrad, beginnt ab dem 5. Dan. Die Japaner verwenden den Begriff Sensei bzw. die Anrede im Zusammenhang mit einer Person, welche eine Lehrtätigkeit innehat. Dies ist eher vergleichbar mit unserer Art den Schullehrer in den 50er und 60er Jahren morgens mit "Guten Morgen Herr Lehrer!" zu begrüßen. Das heißt, die Verwendung der Anrede einer Person als Sensei begründet sich innerhalb des Miteinanders der japanischen kulturellen Umgangsweise.

In dieser Hinsicht können wir die Verhältnisse in Deutschland nicht mit den Gegebenheiten in Japan vergleichen. Mein erster Karate-Trainer anfangs der 70er Jahre hatte den 7. Kyu, als er unser Training leitete. Unser An- und Abgrüßen im Karatetraining erfolgte mit der Grußformel Sensei ni Rei. Und auch heute noch mit seinen 74 Jahren leitet er sein Dôjô.

Und auch ich halte diese Grußformel Sensei ni Rei bei, wenn ich das Training leite. Ich käme jedoch nie auf den Gedanken, im allgemeinen Umgangston mich von meinen Schülern mit der Anrede Sensei ansprechen zu lassen. Sollte dies vorkommen, so würde ich höflich darauf hinweisen, dass ich die Anrede mit meinem Vornamen Jochen vorziehe. Ich möchte von meinen Mitmenschen als authentisch wahrgenommen werden und nicht eine Rolle spielen, geschweige denn in eine Rolle mich hineindrängen lassen. Mir persönlich ist im deutschsprachigen Raum nie ein Karateka begegnet, welcher sich von seinen Schülern mit der Bezeichnung Sensei ansprechen ließ. Alle bevorzugten die Anrede mit ihrem Vornamen bzw. dem vertrautem Du.

Wenn wir jedoch die Frage der Meistergraduierung als Schwarzgut aufstellen, so möchte ich anmerken, dass ich gerade in den 70er und Anfang der 80er Jahre Karatekas als Trainer und Dôjôleiter erlebt habe, welche die Graduierung eines 1. oder 2. Dans hatten und von ihrem fachlichen Wissen und ihrer Persönlichkeit die Anforderungen eines Meisters ihres Fachs erfüllten. Von dieser Sorte Karatekas gab es Gott sei Dank nicht wenige. Das waren die wahren Flaggschiffe der Karateverbände, welche durch ihr unermüdliches Engagement das Karate in Deutschland vorangebracht haben und ihr eigenes Fortkommen in Form von Dan-Prüfungen hintenangestellt haben. Und noch heute verneige ich mich im Geiste vor diesen Karatekas.

Die Inhaber des 1. und 2. Dans in Japan sind die Konditionsbolzen. Körperlich befinden die sich auf ihrem Höhepunkt. Auf den Uni-Dôjôs waren das die unberechenbarsten und gefährlichsten: Kurzhaarschnitt, fast bis zur Glatze und in den halbfreien Kumiteformen immer nur in eine Richtung: nach vorne, egal wie! Nicht wenige Neue bekamen zur Begrüßung und Willkommen im Uni-Dôjô beim Jiyû-Ippon Kumite die vorderen Schneidezähne herausgeschlagen. Die ließen dann die Zahnlücken nicht beim Zahnarzt behandeln, sondern trugen die Zahnlücken noch mehrere Monate als Trophäe nach dem Motto: „Zwei ausgeschlagene Zähne können mich beim Kumite nicht beeindrucken!" Die hier geschilderte Brutalität des Zähneausschlagens hat nichts mit dem Praktizieren von Karate zu tun, sondern ist den latenten sadistischen und masochistischen Charakterzügen der japanischen Gesellschaft geschuldet. Das permanente nicht ausleben von Gefühlen und Einfügen in die Gesellschaft fördert Sadismus und Masochismus. Die Rangniederen erdulden wortlos jedwede Erniedrigung und körperliche Züchtigung von ihren Sempais in der Hoffnung, irgendwann auch einmal dran zu sein. Die Selbstwahrnehmung der Japaner bezüglich ihrer Annäherung an die westliche Kultur ist eine Täuschung. Moderne

Städtebauten, führende Entwicklungen in technologischer und industrieller Hinsicht sollten nicht darüber hinwegtäuschen, dass Japaner unter Liberalität, individuelle Lebensgestaltung und Freiheiten insgesamt etwas völlig anderes verstehen als die sogenannte westliche Welt. Vorbild für die Japaner ist nicht Europa, sondern die USA. Ausdruck vermeintlicher westlicher Kultur in Kleidung, Film-, Musikszene kann sehr groteske Formen annehmen. Dem Japaner als einzelnes Individuum mangelt es an Selbstvertrauen und er fühlt sich nur in der Gemeinschaft sicher. Die Umgangsweise mit den Begriffen Sensei, Sempai, Kohai usw. innerhalb eines Dôjôs entspricht eher der Sozialisierung der japanischen Hackordnungs-Gesellschaft, als einem sich entwickelndem Meister Schüler Verhältnis.

Ich war zuletzt 2003 in Tokyo und habe dort Tetsuhiko Asai besucht; bin also nicht mehr auf dem neuesten Stand der Dinge. Ich hoffe, dass sich die Verhältnisse zum Positiven für die Japaner entwickeln. Die Geschehnisse in Japan habe ich erwähnt, um die Graduierung eines 1. und 2. Dans in Japan zu verstehen. Der 1. und 2. Dan ist in Bezug eines Meisters seines Fachs genaugenommen noch gar nichts. Ein Suchender und einer am Weges Anfang. Der Träger des 3. Dan ist der anerkannte Schüler, welcher schon über ein hohes Maß an technischem Können verfügt.

Der 4. Dan bildet den Abschluss der technischen Fertigkeiten und die Prüfung sollte vor dem 30. Lebensjahr abgelegt werden, da die damit verbundene körperliche Leistungsfähigkeit langsam nachlässt. Hier werden die standardisierten Techniken, einschließlich aller Katas der jeweiligen Stilrichtung in Praxis und Theorie, beherrscht. So ist der Inhaber des 4. Dan in der Funktion eines Senseis der Vermittler der Techniken für die Übenden innerhalb des Trainingsbetriebs.

Zur Funktion des Senseis in der Idealform als Vermittler der Haltung im Karate gehört die Reife der eigenen Persönlichkeit. In vergangenen Epochen unserer Kultur (der Handwerksmeister im Mittelalter), aber auch in China und Japan galt der Mensch am meisten, der hervorragende seelische und moralische Qualitäten hatte. Der Sensei war als Meister seines Fachs nicht nur oder nicht in erster Linie eine bloße Informationsquelle, sondern seine Aufgabe bestand darin, bestimmte menschliche Haltungen zu übermitteln. Diese Tradition beruht nicht in erster Linie auf der Übermittlung gewisser Fertigkeiten und Kenntnisse (Techniken und Wissen), sondern auf der von menschlichen Haltungen (Iida Sensei). Wer diese Haltung verstanden und verinnerlicht hat, wird diese sein ganzes Leben beibehalten und vieles mit anderen Augen sehen als zuvor.

Die heutige Zeit in Deutschland ist eine völlig andere. Mit dem Mitgliederzuwachs und der Entwicklung zum Breitensport im Karate ist auch gleichzeitig das allgemeine technische Niveau gesunken. Die Anforderung, dass mit der einzelnen Dan-Graduierung ein bestimmtes technisches Niveau verbunden ist, welches sich in der Wirksamkeit der Technik manifestiert (Schlagkraft und Trefferwirkung), einschließlich der Härte Treffer ein- und wegzustecken, gibt es nur noch in der Theorie. Der Breitensport ist von der Graduierung her durchgehend bis in die allerhöchsten Dangraduierungen. Haben in den Anfangsjahren in Deutschland Karatekas wegen Mängel bei der technischen Ausführung zur angestrebten Graduierung die Prüfung nicht bestanden, so kommt es heute darauf an, dass die Technikkombinationen des Prüfungsprogramms bekannt sind und die erforderlichen Wartezeiten zu Prüfungen eingehalten worden sind. Das technische Niveau selbst spielt hierbei eine untergeordnete Rolle, da der Mehrheit der Prüflinge sonst nicht die nächsthöhere Graduierung zugestanden werden kann.

Durch die Art unseres Trainings erziehen wir die Trainierenden zu ewigen Schülern: Grundschule, Kumite und Kata (insbesondere in der Stilrichtung Shotokan). Wir propagieren permanent im Training nicht enden wollendes Lernen und verweigern ihnen so die Erfahrung des eigenen Könnens. Es wird zu viel trainiert und zu wenig Karate praktiziert. Alles wird vorgegeben und erfolgt auf Kommandos, das eigene Nachdenken wird so nicht gefördert und ausgeschaltet.

Wir sollten unterscheiden zwischen der Bereitschaft für etwas Neues und das Lernen an sich, sowie die eigene Anerkennung seiner selbst, die Stufe des Senseis erreicht zu haben. Eine demütige und respektvolle Haltung im Leben hindert nicht davor zu wissen, wer man ist. Im Karate bedeutet dies die Selbsteinschätzung der eigenen technischen Fertigkeiten, auch unter Berücksichtigung der eigenen anatomischen Möglichkeiten, und die Selbstreflektion der eigenen Persönlichkeit. Somit muss jeder für sich selbst entscheiden, ob er Sensei ist oder nicht.

Deshalb reicht die Palette im Bereich der „Schwarzgurte" von völliger Ahnungslosigkeit vom Karate bis zu Top-Karatekas. Aus diesem Grund haben höhere Graduierungen innerhalb der westlichen Hemisphäre als Meistergraduierung im Sinne von technischen Fähigkeiten keine eindeutige Aussagekraft mehr. Man muss sich praktisch von jedem einzelnen Danträger ein persönliches Bild machen, welches Können oder Nichtkönnen er im Zusammenhang mit seinem Karate Dô bzw. Graduierung und der Vermittlung von Karate verkörpert.

1. Dan	Ein Suchender
2. Dan	Am Weges Anfang
3. Dan	Anerkannter Schüler (vom Sensei als vorstrebender Schüler wahrgenommen)
4. Dan	Technische Ausbildung abgeschlossen (Weiß wie die standardisierte Technik funktioniert; beginnende Trainertätigkeit (Lehrtätigkeit)
5. und 6. Dan	Sensei/Meister: Hat zu seiner eigenen Karatetechnik sich entwickelt und verfügt über ein erweitertes Spektrum der Karatetechniken Hierzu gehört Forschen in den Techniken an sich, sowie des Beschäftigen mit anderen Karate-Stilrichtungen und Kampfkünsten.
7. und 8. Dan	Eigene Techniken entwickeln und Lehren gestalten. Eigene schriftliche Ausarbeitungen und Aufzeichnungen erstellen.

29 Karate-Dô als spirituelle Erfahrung

Spiritualität kommt von dem lateinischen Wort „Spiritus", Geist. Der Begriff Spiritualität beschreibt die Suche nach einer geistigen Wirklichkeit über oder hinter den Dingen. Es geht um eine innere Haltung, die das Leben deutlich prägt und erfüllt. Die Art und Weise, einschließlich unterschiedlicher Denkweisen, einen spirituellen Lebensweg zu beschreiten, ist vielfältig. Spiritualität finden wir u.a. in der Tradition der jüdischen, christlichen, muslimischen und buddhistischen Religion, aber auch bei völlig unreligiösen Menschen. Wir sollten die verschiedenen Menschen nicht nach ihrer spirituellen Suche bewerten, sondern schauen, was uns verbindet. Im Zustand des Seins kann, und die Betonung liegt hier ganz auf kann, es zu intuitiven Erkenntnissen und Erfahrungen kommen, die nicht in Worte oder Schrift gefasst werden können. Jeder Mensch macht diese Seins Erfahrungen. Voraussetzung hierfür ist, dass die jeweilige Person es auch will. Man muss es zulassen. Man kann niemanden von etwas überzeugen, der es nicht will.

Die spirituelle Erfahrung im Karate erfolgt über das körperliche Training. Das innere geistige leermachen mittels höchster körperlicher Anstrengung. Das erreicht man nicht in jedem Training, aber es gibt immer wieder diese Momente, in denen man verspürt: Ja, das ist es! Mit steigender körperlicher Fertigkeit wird dieses Leermachen immer leichter. Man empfindet das Training nicht mehr als anstrengend. In den Zustand der Leere gelangt man immer leichter. Das Gefühl für den Hara beim Aus- und Einatmen wird immer intensiver. Da Atem und Geist ein und dasselbe sind, führt das bewusste Ein- und Ausatmen zur Erkenntnis unserer wahren Identität und zur Teilhabe an der Wirklichkeit im tiefsten Sinne. „Je mehr ich verstehe und verspüre, desto weniger möchte ich darüber reden. Das Schweigen wird mir wichtiger".

Wir können auch von einem natürlichen positiven Bewusstseinszustand, einem Flow-Erleben sprechen, bei dem der Karateka große Klarheit, geistige Flexibilität und ein starkes Gefühl der Selbstwirksamkeit erlebt. Die objektive anstrengende Tätigkeit des Karatetrainings geht leicht von der Hand. Ein Zustand, in dem man sein Bestes gibt und sich bestens fühlt, hohe Leistung erbringt und sich gleichzeitig wohl fühlt.

Merkmale:
- Intensive und fokussierte Konzentration auf das Training
- Verschmelzung von Handlung und Bewusstsein
- Verlust des reflexiven Ich (Selbstvergessenheit)
- Gefühl der Kontrolle über das Tun
- Die Tätigkeit an sich wird als sinnvoll erlebt
- verzerrte Zeitwahrnehmung

Als ich in den 80er Jahren meine Schwiegereltern in Tokyo besuchte, ich war 12 Jahre mit einer Japanerin verheiratet, trainierte ich bei Norihiko Iida im Hôzôji Dôjô. Chieko (meine Ex) fragte Iida Sensei einmal, wie er die Spiritualität seinen Schülern vermittelt. Iida Sensei antwortete: „Praktiziere 10 Jahre ernsthaft Karate und denke in dieser Zeit nicht über Spiritualität nach. Erst nach Ablauf von 10 Jahren beginne darüber nachzudenken. Dann wird sich dir alles von selbst erschließen." Hier sprach ein wahrer Sensei und Zen Buddhist. Es geht um das Nichtwollen. Wer unbedingt spirituelle Erfahrungen machen will, wird sie nicht machen.

In seinem Standartwerk Karate Dô – Dynamic Karate - schreibt Masatoshi Nakayama, „dass der buddhistische Mönch Daruma Boddhidarma im Kloster Shao Lin in China lebte und seine Schüler in körperkräftigenden Übungen unterwies, welche ihnen Ausdauer und Stärke verleihen sollten, denn die harte Disziplin ihrer Religion verlangte eine kräftige Konstitution. Aus dieser Körperschule entwickelte sich eine Kampfkunst, welche als Shao Lin Kampfkunst bekannt wurde."

Wie sich die Dinge genau zugetragen haben, ist aufgrund der vielen Legenden um das Shao Lin Kloster und der Entstehung der Kampfkünste insgesamt, ist nach wissenschaftlichem Standard nicht mehr verifizierbar. Dieser buddhistische Mönch brachte im 6. Jahrhundert die Lehren des Zens (japanisch)/ Chan (chinesisch) und des Kempo nach China, lehrte mehrere Jahrzehnte im Shao Lin Kloster und hatte so vermutlich Anteil an der Verbreitung und der Entwicklung des Kempo in den Klöstern. Meine These aus der persönlichen 50jährigen Karate-Praxis ist die, dass die Mönche, nachdem sie sich im Training körperlich völlig verausgabt hatten, leichter in den Zustand der Kontemplation (geistiges Insichversenken) kamen. Und auch vor und nach der Karate-Praxis, versenken wir uns kurz in der Haltung des Zazens.

Im Gegensatz zu den orthodoxen Buddhisten, welche durch Selbstvervollkommnung und Zügelung der Leidenschaften den Kreislauf irdischen Lebens und Leidens durch Eingehen in das Nirwana anstreben, ist das Ziel der Zen Buddhisten, durch Meditation oder auch durch Einwirkung eines äußeren Reizes, plötzlich eine intuitive Erleuchtung, das Satori, zu erreichen. Diese Erfahrung heißt nicht, dass das reale Leben anschließend aufgegeben wird, sondern dass man plötzlich nur eine andere Sichtweise auf die Realität erlangt hat.

Wer schon einmal ernsthaft versucht hat zu meditieren weiß, wie schwer es ist, den Geist abzuschalten und innerlich ruhig zu werden. Gedanken schießen durch den Kopf, welche mit der Augenblicklichen Situation des Meditierens nicht den geringsten Zusammenhang haben. Vor und nach jeder Übungsstunde im Karate knien die Karatekas nieder in der Seiza-Haltung (gerade aufrecht sitzen). Es wird durch die Nase ein- und ausgeatmet und auf das Heben und Senken der Bauchdecke geachtet. Dies ist die meditative Phase der Karateübung.

Nach einigen Jahren ist das völlig verausgabende körperliche Training nicht mehr erforderlich, sondern es reicht, sich vor dem Training in der Versenkung des Zazens, der Bauchatmung, einzustimmen. Aber auch das Beschäftigen mit der Technik an sich, wie funktioniert die Technik und letztendlich deren Perfektionierung in der Ausführung, sind ein weiterer Baustein des Erkennens. Bei der Perfektionierung der Technik muss jeder von sich aus gehen. Wir Menschen sind nun mal auch körperlich verschieden und dem entsprechend muss jeder seine eigenen körperlichen Möglichkeiten bei seinen Karatetechniken berücksichtigen.

Persönlichkeitsentwicklung

Über diese spirituelle Erfahrung des Karate-Dô erfolgt die Persönlichkeitsentwicklung, das Erkennen des Großen im Kleinen und ein lebenslanges Beschäftigen mit den Dingen. „Durch das Praktizieren des Karate werde ich am Leben und den Dingen immer interessierter. Ich lese immer mehr, beschäftige mich mit der Kunst und beginne letztendlich selbst mit der Malerei. Menschen sind mir wichtig und ich spüre, dass Menschen auch gerne mit mir zusammen sind." Es ist das Loslassen der eigenen Bedeutsamkeit zur Bejahung des eigenen So-Seins.

30 Essay über uns Männer

Wenn es in Gesprächen um Beziehungskisten geht, kommt wiederholt zur Sprache, wie sind die Männer, wie sind die Frauen. Oftmals wird uns bei diesen Gesprächen nicht bewusst, dass wir in erster Linie im Sosein als Mann oder dem Sosein als Frau das Ergebnis einer sich schon vor Jahrmillionen begonnenen Evolution sind. In nicht wenigen Bereichen unseres Verhaltens sind wir mehr Mensch der Urzeit als der Moderne. Den „Jetztzeitmensch" gibt es nach heutigem Stand der Forschung seit 300.000 Jahren: den Homo sapiens; der einsichtige vernunftbegabte Mensch. Das heißt, einen damaligen Menschen hätte man mit entsprechender Sozialisierung und Bildung zu einem Universitätsstudium befähigen können. Tief in unserem Innersten sind wir Männer in dieser Zeit als Jäger und Krieger sozialisiert worden. 2.000 Jahre Neuzeit und Kultur können in der biologischen Ausrichtung als Mann keine genetischen Veränderungen in Körperbau und weiteren als spezifisch männlichen Veranlagungen zu bezeichneten Attributen herbeiführen. Gerade unsere Aggression, das schnelle umschalten zur Gewaltbereitschaft, ist ins Gegenteil umgeschlagen. Bei Gefahr mussten unsere Vorfahren sofort Kampfbereit sein, um zum Beispiel die Gruppe vor einem Raubtier zu schützen oder vor einer feindlichen Horde, welche das Jagdrevier streitig machte. Aggression hat heute im positiven Sinne keinen Platz mehr im Alltag. Die sofortige Bereitschaft des Körpers, in Sekundenschnelle zu Höchstleistungen bereit zu sein, erfolgt durch den Ausstoß von Adrenalin. Aus der Ruhephase, oder sogar dem Schlaf, bei Gefahr den Speer packen und sich der Gefahr stellen. Dies ermöglichte der Adrenalinausstoß. Bestenfalls beim Sport können wir diese Eigenschaft heute noch gebrauchen. Der Kick vor dem Start beim sportlichen Wettkampf, der Augenblick, sobald der Athlet die Wettkampffläche betritt usw.

Wer sich beim Autofahren über etwas aufregt und den Adrenalinspiegel so hochtreibt, schadet nur noch seiner Gesundheit. Adrenalin wird durch körperliche Bewegung in den Muskeln abgebaut. Fehlt dem sich ereifernden Autofahren die entsprechende Bewegung dazu, so werden bei dauerhaften Wiederholungen die inneren Organe geschädigt, da diese nun das Adrenalin abbauen müssen. Wir halten uns für kultiviert, gebildet und glauben mittels Technik die Natur domestizieren und beherrschen zu können. Die Natur hat schon lange begonnen, uns dies um die Ohren zu schlagen, die Mehrheit der verantwortlichen Menschen will dies jedoch nicht wahr haben.

Die Pädagogik der Aufklärung propagierte, dass der Mensch vernunftbegabt und einsichtig sei. Dies besagt jedoch lediglich, dass der Mensch die Fähigkeit besitzt, einsichtig und vernünftig zu handeln. Von Natur aus ist der Mensch unzulänglich und erlebt hierdurch in der Realität im Handeln seine Begrenztheit. Die Historie lehrt uns, dass der Mensch als Masse eher zur Verursachung von Katastrophen (Krieg) neigt, aus dem dann nach millionenfachem Tot die Menschheit zwar weiterhin besteht, das Überleben jedoch insgesamt als Gattung Mensch in der Zukunft immer als ungewiss anzusehen ist. Sobald Menschen in Extremsituationen geraten, egal welcher Art, dann können wir erleben, wie dünn unsere zivilisierten Verhaltensweisen sind.

Männer können niemals, auch mit dem besten Willen nicht, wirklich verstehen, was es heißt eine Frau zu sein. Umgekehrt gilt dies genauso von den Frauen zu uns Männern gegenüber. Beiden Geschlechtern gelingt es nicht in die Gefühlswelt des anderen einzutauchen, da der männliche Mann und die weibliche Frau jeweils von sich ausgeht, was dem anderen Geschlecht jeweils gefallen oder beeindrucken könnte.

Immer mehr Frauen nehmen heutzutage an Aktivitäten teil, die traditionell uns Männern zugeordnet waren. Die Frauen haben schon vor Jahrzehnten begonnen, so die äußere Welt für sich zu entdecken, weg von ihrer traditionellen Rolle als Hausfrau und Mutter, während die Männer sich erst ansatzweise damit beschäftigen, ihre innere Welt zu entdecken.

Die Intimität der Frauen untereinander, die Gespräche unter Freundinnen, unterscheidet sich wesentlich von denen der Männer. Frauen tauschen untereinander Gefühle aus, reden über ihre Probleme und machen sich Mut. Männer können sich stundenlang gemeinsam mit etwas beschäftigen und dabei nur wenig reden. Beim Angeln zum Beispiel darüber, welcher Köder jetzt am besten zu verwenden wäre und an welcher Stelle die Fische wohl am besten beißen. Aber auch das ist Vertrautheit.

Männer fühlen sich so in ihrer Gesellschaft geborgen. Auch bei Männern entsteht etwas Entscheidendes, etwas Wesentliches, wenn sie so ihre Empathie und Bestätigung untereinander austauschen können. Gerade das Schweigen ähnelt dem Verhalten wie bei einer Jagd, um das Wild nicht zu verscheuchen. Männer genießen dieses zeitlose schweigende Beisammensein, zum Beispiel beim Bergwandern. Die Verständigung läuft oft über die non verbale Kommunikation.

In keiner Epoche des Daseins des Homosapiens war es für die männliche Gattung so schwer als Mann dies auszuleben, ohne sich dem Preis der Lächerlichkeit hinzugeben. Für unsere männlichen Vorfahren war die Frage der Männlichkeit eine Selbstverständlichkeit, aus der sie die geforderte Verhaltensweise ableiten konnten. Der alltägliche Kampf ums Überleben ließ keinen Spielraum für Extras zu. Das soziale Leben war geprägt von Tradition und Gleichförmigkeit, in dessen Rahmen die einzelnen Mitglieder der Gesellschaft ihren Platz einnahmen und aufgrund dieser Tatsache letztendlich wussten, wer sie waren: ein Jäger, ein Krieger/Beschützer, ein Sammler, ein Vater und Lebensgefährte.

Es gilt also heute die uns Männern immanente Verhaltensweise als Jäger und des gewalttätigen Kriegers zu kanalisieren und in eine friedliche Form der Männlichkeit zu verwandeln. In der Alltagswelt heißt das: dynamisches Engagement, Zielstrebigkeit, Spontanität, Selbstbestimmtheit, Verantwortung übernehmen, einfühlsam sein, Emotionen zulassen, den männlichen Part in der Beziehung und Familie übernehmen

. Im gesellschaftlichen Diskurs über das Mann-Sein geht es nicht um den Mann an sich, sondern um die Attribute der Männlichkeit: Durchsetzungsvermögen, Wettstreit, Konkurrenzdenken usw. Eine allumfassende Aufzählung und eindeutige Darstellung der Attribute, welche die Männlichkeit betreffen ist nicht möglich und bleibt Fragment. Vom Habitus her können Männer und Frauen sowohl männliche als auch weibliche Attribute im alltäglichen Handeln verwenden. Hier geht es aber um die Darstellung des männlichen Verhaltens, welches sich aus der Biologie des Unterschied von Mann und Frau ableitet, zum Beispiel seine eigenen Gene weiterzugeben und nicht die des Konkurrenten. Die Männer der Frühzeit konkurrierten untereinander immer um die Gunst der Frauen, wobei die Frauen die Selektion trafen, mit welchem Mann sie sich einließen. Und genau aus diesem Zeitalter stammt unsere Programmierung, was die Gattung Mensch am jeweils anderen Geschlecht bevorzugt und schön findet.   Wenn wir die Herausforderungen der Zukunft gegenwärtig annehmen wollen, dann werden wir nicht darum herumkommen, dass auch die Attribute der Männlichkeit dazugehören. Anstelle der Aggression dynamisches Engagement für unsere Überzeugungen, verantwortliches Handeln und diesmal Mann und Frau gemeinsam. Dieses auf Augenhöhe sich in die Augen schauen von Mann und Frau wird langfristig zu einer positiven Veränderung im Zusammenleben bewirken. Männer und Frauen sind verschieden. Diese Verschiedenheit bedeutet Gleichwertigkeit der Geschlechter und sollte nicht ausgetragen in der Form eines Gegeneinanders, sondern in der Erkenntnis der Notwendigkeit dieses Sosein. Voraussetzung hierfür ist zu erkennen, dass der ideologische Feminismus nur die alten Verhaltensmuster der Männer gegenüber den Frauen fortsetzt, nämlich das andere Geschlecht zu verteufeln und für alle möglichen Schuldzuweisungen zu verwenden. Anstelle dieser Ideologie gehört eine allgemein verständliche Beschreibung dieses Sosein von Mann und Frau, um sich inhaltlich zu orientieren. Es geht nicht um den Kampf der Geschlechter, sondern um das Wissen und Verstehen des anderen Geschlechts. Ich persönlich halte die Forderung, die Männer sollten ihre femininen Seiten entdecken für grundlegend falsch. Man sollte nicht durch Sozialisation die Feminisierung der Männer anstreben. Als feminin bezeichnet man die grundlegenden charakteristischen Eigenschaften der Frauen. Nach wie vor bevorzugen weibliche Frauen männliche Männer und umgekehrt. Dies schließt ja nicht aus, dass sich die Männer mehr über ihre sensitiven Eigenschaften bewusst werden und zum Ausdruck bringen sollten. Ich frage mich, ob die Mehrheit der Männer nicht das Problem hat, in ihrem Intimleben zärtlich zu sein und Gefühle zu zeigen, sondern Zärtlichkeit zuzulassen und Gefühle an sich heranzulassen. Diese Frage kann eigentlich nur eine Frau beantworten. Inwieweit Männer und Frauen Gefühle und körperliche Nähe zulassen können, hängt von ihrer Sozialisierung in Kindheit- und Jugendzeit ab; ob man innerhalb der Familie körperlicher Nähe und Zuwendung erhielt oder ob ein eher sachlich distanziertes Verhalten innerhalb der Gefühlswelt vorhanden war.

Die heutigen Männer sind in ihrem Mann-Sein zutiefst verunsichert und die westliche Gesellschaft leistet hierzu einen erheblichen Beitrag, um letztendlich die Situation noch zu verschlimmern. Eine Definition von Männlichkeit über Potenz, Geld, Macht und zur Schau gestelltes feminines Element ihrer Persönlichkeit ist nur eine Deformation der männlichen Seele. Im gegenwärtigen Sprachgebrauch und im heutigen Denken hat das Wort Seele keine Bedeutung mehr. Seele ist zu einem undefinierten Etwas geworden, das bestenfalls irgendwann gegen Himmel fliegt. Seele ist unser Ich und unser Selbst als Mann. Sich als Mann gemäß seiner evolutionären Programmierung verhalten zu können verschafft ihm Befriedigung und Sicherheit. Es zu tun ist heutzutage nicht mehr erforderlich und verschafft ihm im ungünstigen Fall die Missachtung seines Umfelds, der Gesellschaft und seiner Partnerin.

In prähistorischer Zeit verbrachten Männer ihre Tage damit, sich unmittelbar mit der Natur auseinanderzusetzen und dabei ihre Körperlichkeit einzusetzen, um zu überleben. Männer waren Jäger und Krieger und fühlten sich auch so. In der Natur, mit anderen Männern schweigend und leise umherzustreifen, um das Wild nicht zu verscheuchen, ist etwas, nach dem wir Männer uns innerlich immer noch unbewusst sehnen. Hier erleben wir uns in unserer Körperlichkeit als Mann und dem Erlebnis des Beisammenseins mit anderen Männern in der Gruppe. Aus dieser kraftvollen Interaktion mit der Natur erwachsen das Gespür für die eigene Energie und der tiefe Bezug zu unserer inneren Welt. Nur ist dies halt ein Relikt der Vergangenheit und die Welt hat sich verändert.

Die Menschen Ur-Zeit lebten in kleinen sozialen Gruppen, in denen für jedermann immer schnell ersichtlich war, wer wie und über welche körperlichen Fähigkeiten und Geschicklichkeit er verfügte. Charakterliche Eigenschaften waren im alltäglichen Leben deutlicher zu erkennen als in verfeinerten hochzivilisierten und technologischen Gesellschaften, in denen es den negativen Charakteren immer perfekter gelingt, ihr wahres Ich zu verschleiern. Der Jäger, der seine Beute bereitwillig teilte; der kooperative Mann, der sich für die Gemeinschaft einsetzte und sich auch um den Nachwuchs des bei einem Jagdunfall ums Leben gekommenen Sippenmitgliedes kümmerte.

Für die Frau war es wichtiger, einen guten Jäger als Partner zu finden als einen Mann, der gut zuhören konnte. Immer am Rande des Mangels, ging es bei der Nahrungsbeschaffung ums Überleben. Lebenslange Treue hatte keine Bedeutung, da der Tod des Partners allgegenwärtig war. Nichte wenige Frauen starben bei der Geburt der Kinder, die Männer bei Jagdunfällen; Krankheiten und Infektionen taten ihr Übriges. Die Fragestellung bin ich glücklich, bin ich zufrieden, bin ich ausgeglichen, geht es mir gut oder werde ich geliebt ist mehr eine Frage des Wohlstands und der Sicherheit innerhalb einer Gesellschaft. In den archaischen Gesellschaften ging es primär um das Überleben des Einzelnen als auch der Gruppe.

Insbesondere bei der Jagt konnten die Männer ihren Mut und ihr Geschick unter Beweis stellen, immer im Blickfeld der anderen Jagdgesellen. Es bildeten sich Hierarchien, bei denen der erfolgreichste, mutigste und geschickteste Jäger den besten Teil der Jagdbeute beanspruchen konnte. Die Gesellschaften der Urzeit umfassten nicht mehr als 30 bis 40 Gruppenmitglieder. Die Jungen hatten die männlichen Vorbilder, an denen sie sich orientieren konnten, permanent um sich. Es war gar keine Frage, wie man letztendlich werden wollte: So wie der erfolgreichste Jäger der Gruppe. Dies verschaffte ihm Ansehen und Respekt innerhalb der Gemeinschaft Die jungen Krieger und Jäger wussten anhand ihrer Vorbilder immer eines: Wo es lang geht und wie sie sein wollten!

Die durchschnittliche Lebenserwartung lag bei ca. 30 Jahren. Geburt und Tod, der Kampf ums alltägliche Überleben, prägten den Alltag. Der kurze Augenblick des Glücks, der Zufriedenheit, überhaupt die emotionale Ebene wurde vollkommen ausgelebt. Die Ratio (hier Verstand) spielte noch eine untergeordnete Rolle. Es musste immer auf das reagiert werden, was gerade anstand. Vermutlich war die Menschheit, trotz allem Unbill, nie emotional so ausgeglichen als zu dieser Zeit. Geneigter Leser: Wann haben wir uns zuletzt emotional ausgelebt, wann waren wir glücklich, dass wir gesättigt waren. Wann haben wir zuletzt herzhaft gelacht und geweint und wann haben wir zuletzt emotional mit Herzklopfen geliebt. Und wann haben wir zuletzt an unserer Gefährtin gerochen, als sie nach dem Baden aus dem Wasser stieg. Es gibt nichts Erotischeres als der Duft einer Frau, damit meine ich den ihr eigenen Körpergeruch (sofern man sie mag oder noch besser: liebt!).

Ebenso, wenn wir die durchschnittliche Lebenserwartung in der Urzeit der Menschheitsgeschichte von 30 Jahren betrachten: Seit der Relativitätstheorie wissen wir, dass die Zeit relativ ist. Vermutlich war der Zeitraum von 30 Jahren so intensiv, wie heute gelebte 85 Lebensjahre. Wir beginnen unsere Arbeitswelt montags, ersehnen uns das Wochenende herbei, welches dann ebenso schnell wieder vergeht. Und was haben wir in unserer Alltagswelt alles so erlebt? Was bleibt uns in Erinnerung. Wie viel Elementares haben wir erlebt. Nix, außer dem Stress im Büro und kurzes Freizeiterlebnis. Die Zeit fliegt dahin!

Unsere Gestik und Mimik, unsere Sprache und Gefühlswelt, unsere Vorlieben manifestierten sich zu einer Zeit, da waren wir noch Halbaffen. Warum finden die meisten Frauen bei uns Männern einen knackigen Hintern schön? Weil dieser Mann mit hoher Wahrscheinlichkeit ein guter Läufer und Jäger ist. Ein Bodybuilder, dessen höchstes Ziel es ist, so dicke Muskeln sich anzutrainieren wie möglich, hat sich nur verunstaltet. Er ist unförmig und fällt bei den meisten Frauen durch das Schönheitsraster und versteht deshalb die Welt nicht mehr. Die Frau erkennt sofort, dass das kein ausdauernder Läufer und erfolgreicher Jäger sein kann. So tief steckt die Programmierung der Urzeit in uns drin. Der schlanke, große muskelbetonte Körper, nicht der überdimensionierte Körper, ist das Idealbild der Frauen. Und schon gar nicht der Bierbauch.

Die non verbale Kommunikation der Männer untereinander ist ein Relikt aus der Jagd. Wer als erster das zu jagende Wild erblickt erhebt seinem Jagdgefährten gegenüber die Augenbraue und weißt in Richtung der Jagdbeute: Da ist es! Ein falscher Laut und das Wild ist weg. Aus dieser Zeit können Männer noch heute herrlich miteinander kommunizieren, ohne ein Wort zu sprechen. Geneigte Leserin: Stellen sie sich vor, zwei Männer gehen gemeinsam durch die Fußgängerzone und ein attraktive Frau kommt ihnen entgegen. Ich bin mir sicher, dass beide Männer die Frau sofort auf dem Schirm haben. Dann ein kurzer Blick zum Nachbarn, Augenbraue hoch – ich hab sie auch gesehen! - und ggf. noch eine kurze passende Mimik über ihr Aussehen und nach dem Passieren ein leichtes Ausatmen, um die Spannung wieder entweichen zu lassen. Und das alles sollte in diskreter Form geschehen. Das hat nichts mit lüsternen Blicken oder Anstarren zu tun. Dies sollte man tunlichst vermeiden. So etwas machen nur dumme Männer.

Eine Frau sollte immer mit Anstand, Respekt und Höflichkeit behandelt werden. Natürlich kann man einer Frau signalisieren, dass man sie schön findet. Hierzu braucht es aber auch die richtige Gelegenheit und die richtige Form. Dann wird sich die Frau geschmeichelt fühlen und es genießen.

Frauen verfügen nicht über die Gestik der non verbalen Kommunikation. Frauen können drei Dinge gleichzeitig: In der Höhle sitzen und die Felle zusammennähen, sich dabei mit anderen Frauen unterhalten und die Kinder im Auge behalten. Männer sind mit so einer Situation völlig überfordert. Wer Männer bei einer konzentrierten Tätigkeit stört bringt sie zu höchster Erregung. Das ist, als ob man bei der Jagd beim Erspähen des Wildes reden würde. Das hat uns Männer Jahrmillionen lang aufgeregt.

Wie sind die Männer heute

Ausgehend vom Jahr 1968 hat sich vieles bei uns Männern getan. Die Männer sind in den Beziehungen einfühlsamer geworden, wickeln die Kinder und helfen auch bei der Hausarbeit. Nicht alle, aber sehr viele. Sie haben sich Gedanken über die Sexualität der Frauen gemacht, wie sie die Frauen im Bett befriedigen können und sind für die Gleichberechtigung der Frau in allen Bereichen. Der mehrheitliche Wunsch der Frauen, einen fleißigen, soliden und zuverlässigen Mann als Ehepartner zu bekommen hat nicht selten zur Folge, dass sie sich gerade von diesem Typen im Ehealltag gelangweilt fühlen und zur Erkenntnis gelangen, dass genau diese Charaktereigenschaft ursächlich für den Beginn ihrer ablehnenden Haltung ist. Letztendlich suchen weibliche Frauen männliche Männer und umgekehrt.

Sich nie oder nur äußerst selten sich gemäß seiner männlichen Programmierung verhalten zu dürfen, verursacht seelische Unzufriedenheit, ohne dass es den meisten Männern bewusst ist. So bilden sich in der verkrüppelten Form die Männer als

Allesversteher der Frauen, immer darauf bedacht, beim weiblichen Geschlecht nicht anzuecken und gut dazustehen. Im Prinzip ist der Mann erst bindungsfähig, wenn er sich selbst gefunden hat, unabhängig von seiner Beziehung zu den Frauen. Wer als Mann glaubt, erst mit einer bestimmten Frau, seiner „Traumfrau" dieser oder jener Mann seiner Vorstellungswelt zu werden, der irrt. Er wird sein Selbst nicht finden. Und genau das wird seine „Traumfrau" später an ihm vermissen.

Die Männer haben aber auch mitbekommen, wie bei Ehescheidungen und auch in den Medien beim Thema Männer mit ihnen umgegangen wird. Im Bezug zum Zusammenleben von Mann und Frau ging es vor allem um die Veränderung der Männer. Ehescheidungen endet für viele Männer in finanziellen Ruin und die Kinder bekommt man nach der Scheidung auch nur nach Gutdünken der Ex zu sehen. Stimmt zwar auf die Masse der Ehescheidungen gesehen nicht, kursiert aber genauso in den Köpfen von uns Männern.

In Bezug auf Sexualität ist die heutige Jugend viel freier als in den 60er Jahren. Sie verstehen gut zu verhüten und es werden weniger Frauen ungewollt schwanger. Wenn wir uns die Heirats- und Geburtsdaten von Eltern und Kinder in den 50ern und 60ern Jahren diesbezüglich anschauen, werden wir feststellen, dass ein sehr großer Anteil der Frauen bei der Eheschließung schwanger war. Und die mehrheitlich unter diesen Umständen geschlossenen Ehen entwickelten sich zu glücklichen Beziehungen.

Die Unterschicht ausgenommen, werden Frauen heute nur noch schwanger, wenn sie es auch wollen. Das heißt, der Wunsch nach Kindern wird berechtigtem beruflichen Fortkommen und der allgemeinen Lebensplanung hinten angestellt. Nicht wenige junge Paare entscheiden sich bewusst kinderlos zu bleiben. Insgesamt ist die Situation für Familien mit Kindern komplizierter geworden. Beide Ehepaare sind in der

Regel berufstätig und die Frauen möchten so schnell wie möglich wieder in ihren Beruf zurück. Da gilt es dann den Kita-Besuch und die Kinderbeaufsichtigung zu organisieren. Und vor allem sind bei dieser Aufgabe auch wir Männer gefordert. Nur aktives Tun hilft das alltägliche Chaos, aber auch die anfallenden Arbeiten im Haushalt, zu bewältigen. Ohne die konsequente Beteiligung von uns Männern an der Bewältigung der Alltagsarbeit innerhalb einer Familie stellen sich die Frauen sonst allein zu oft die Frage „Warum tue ich mir das an!" und verlieren so immer mehr das Interesse und auch den Respekt vor uns Männern.

Infantile Männer.

Bedingt durch die hohen Scheidungsraten wachsen ein nicht unerheblicher Teil der Männer ohne die Anwesenheit eines Vaters auf. Der männliche Ponton beim Heranwachsen innerhalb der Familie fehlt. Die Männer, über die sich die Frauen später beschweren, sind von Mama geformt worden. Oftmals als Ersatz für den Lebenspartner, auch in bestehenden Lebensgemeinschaften mit einem Mann. Diesen Jungs wird von ihren Müttern so viel psychologische Last aufgetragen, dass ihr Kindsein, das unbeschwerte Aufwachsen, verschwindet. Die so heranwachsenden jungen Männer sind daher stark gefährdet, die ödipale Phase, der Liebe zur Mutter, nie zu verlassen. Es fällt diesen Männern später sehr schwer sich in der Nähe anderer Frauen wohlzufühlen, weil sie sich niemals wohl gefühlt haben, wenn Mutter nicht in ihrer Nähe war. Es gelingt ihnen nicht ihre Identitätsfindung als Mann, die eigenen Ziele sowie die Sinnfrage des Lebens ohne die Beziehung zur Frau zu definieren.

So werden aus kleinen Jungs einfach nur große Jungs. Lediglich ihre Spielzeuge werden größer – und teurer! Die Frau, welche so einen Mann heiratet soll psychologisch die Mutterrolle als Ersatz für „Mutter" einnehmen. Ansonsten sind diese Männer am liebsten mit den Männern ihrer Clique oder im schlimmsten Fall mit seinem besten Freund so oft wie möglich zusammen. Der beste Freund nimmt dann die vertraute und intime Rolle des Partners ein, welche eigentlich der Ehefrau zukommt. Diese mutiert immer mehr zur Hausangestellten und bei Bedarf zur Befriedigung der Sexualität im Sinne des sportiven Bumsens durch den Mann. Fortwährend, insbesondere bei Führung der Hauswirtschaft wird ihr vorgehalten, was seine Mutter alles geleistet und vor allem was Mutter alles besser gemacht hat. Diese Handlungsweise verhindert die Identitätsfindung der Frau und ihrer Selbstfindung mit dem Ziel, sie nicht zu lieben, sondern zu besitzen.

Es ist aber auch unsere Wohlstandsgesellschaft, die es den Männern erlaubt, erst nach Vollendung des 30. Lebensjahr langsam erwachsen zu werden oder auch nie. Sich an eine Frau fest zu binden, hing auch immer mit der Befriedigung der Sexualität zusammen. Die Frauen in vergangener Zeit waren diesbezüglich aufgrund gesellschaftlicher Konventionen wesentlich zurückhaltender und wählerischer bei der Partnerwahl schon aus der Tatsache heraus, dass sie schwanger werden konnten. Mit dem Aufkommen der Anti-Babypille Anfang der 70er Jahre des vorherigen Jahrhunderts konnten die Frauen die Schwangerschaftsverhütung besser steuern. Sexualität war plötzlich kein Tabuthema mehr, im Gegenteil, es war Gegenstand des öffentlichen Diskurses, was zu dieser Zeit auch notwendig war. Dies hatte zur Folge, dass Sexualität zu einer berechtigten Normalität gelangte, welches ihr den Makel des Verbotenen und Unanständigem nahm (Es ist aber auch eine Tatsache, dass die verbotenen Früchte am besten schmecken).

So sind Frauen und Männer heutzutage unkonventionell miteinander intim, ohne eine dauerhafte Bindung einzugehen oder dies anzustreben. Und so stellt sich für die Männer nicht die Frage, warum sie sich dauerhaft an eine Frau binden sollen, wenn sie doch am liebsten mit ihren „Kumpels" abhängen.

Ballerspiele am Computer und Rollenspiele im Internet haben die jungen Männer von Kindheit an von den körperlichen

Aktivitäten entfernt. Sie erleben in ihrer Kindheit keine Abenteuer im Spiel mit anderen Jungs in der Natur, von denen sie später einmal schwärmend erzählen könnten. Ihr erzählen wird sich beschränken, auf welchem Level sie dieses oder jenes Computerspiel in jeder freien Minute gespielt haben. Charakterformende Eigenschaften wie Fairness im Sport, Teamfähigkeit im Mannschaftsport oder auch die Erfahrung des körperlichen Durchsetzungsvermögens und im sportlichen Wettkampf der Sieg, werden mehrheitlich von den Jungs nicht mehr erfahren. Die ausgelebte sportliche Aktivität, der Erfolg und die Anerkennung durch den Sport ist vom Empfinden her die körperliche Aktivität unseres männlichen Vorfahren. Wird diese genetische Programmierung bei den Männern in den Zeiten der Jugend, des Heranwachsens und als junge Männer befriedigt, können sie ein Leben lang davon zehren.

Ich erinnere mich noch gut daran, wie ich als Junge im Sommer immer durch die Weinberge, damals gab es noch kleine Pfade und verwilderte Gärten, zur Burgruine Ehrenfels gestreift bin. Mit drei, vier und mehr Jungs haben wir das gesamte Areal, einschließlich der Wälder und des Flussufers des Rheins, erkundet. Der natürliche Zeitablauf erfolgt in einem langsamen Rhythmus. Meist waren wir bewaffnet mit Speeren, unseren Holzschwertern und Schilden oder mit selbst gebauten Pfeil und Bogen. Mein Holzschwert und Schild, mit dem roten Pferdekopfemblem von Prinz Eisenherz, habe ich vor kurzem an einen 8jährigen Jungen verschenkt. Aus den verwilderten Gärten aßen wir, je nach dem was gerade reif war, sehr saure kleine Äpfel, Kirschen oder Walderdbeeren und Schildampfer am Wegesrand. Wenn wir so umherstreiften, sprachen wir nicht viel. Wir waren beglückt von einer Seligkeit durch unser „Jagdrevier" zu streifen und alles Mögliche zu entdecken. Wir fühlten uns sicher. Ein Gefühl der Angst kam nie auf. In einem stillgelegten Steinbruch mit einer Lore auf den Schienen zu fahren oder mit den Weinbergstickel eines stillgelegten Weinbergs ein Palisadenfort zu bauen. Niemand störte uns in unserem Tun.

Meine Mutter wusste nie wo ich war und was ich machte. Auf der gegenüberliegenden Rheinseite von Assmannshausen befindet sich eine Sandbank. Von den örtlichen kleinen Ausflugsbooten ließen wir uns übersetzen und gingen schwimmen, obwohl wir noch gar nicht schwimmen konnten. Wir haben uns das Schwimmen selbst beigebracht. Oft war auch dort meine fünf Jahre ältere Schwester mit ihren Freundinnen zum Schwimmen. Das hatte für mich den Vorteil, dass ich meiner Schwester und ihren Freundinnen den Rücken mit Nivea Creme einreiben musste. Mit der Zeit hatte ich dann herausgefunden, dass es besser ist, nicht wie ein Wilder die Creme einzureiben, sondern es langsam mit etwas Druck durchzuführen. Das hat mir gefallen. Das waren die Sommer von 1964 bis 1967.

Dieses unbeschwerte Aufwachsen in der freien Natur und Umwelt gibt es heute nicht mehr. Alles ist verplant und organisiert. Die Eltern wissen immer, bei welchem Spielkamerad ihr Kind sich gerade befindet und was es dort macht. Spielerisch verantwortliches Verhalten zu erlernen und vor allem Selbstsicher zu werden, ist so heute nicht mehr möglich. Wenn wir im Rhein schwammen, war uns immer bewusst, dass wir zur Strömung des Flusses einen gehörigen Abstand halten mussten. Das war halt eine andere Zeit.

Welches ist die Quintessenz dieses Essays. Sollen die Männer wieder Jäger und Krieger werden? Nein, zunächst war es die Darstellung des Ist-Standes der Befindlichkeit von uns Männern. Eine umfassende Beschreibung ist in Form eines Essays nicht möglich. Es ist mehr als Form eines gedanklichen Anstoßes zu verstehen. Veränderungen innerhalb einer Gesellschaft erfolgen immer über einen längeren Zeitraum. Grundvoraussetzung hierfür ist ein mehrheitlicher Konsens einer Gesellschaft über das erstrebte Wie und Was. Voraussetzung ist die Erkenntnis, was Männlichkeit bedeutet, woher sich diese Männlichkeit ableitet und welche Auswirkungen dies auf Gesellschaft und Beziehung von Mann und Frau hat.

Gegenwärtiger Konsens ist, dass die Männer eine feminine Seite entwickeln und diese in Beziehung und Alltagswelt einbringen sollen. Dies ruft nach meiner Ansicht nur angepasste Männer als Allesversteher hervor. Diese infantilen angepassten Allesversteher verlieren als Mann bei den Frauen ihre erotische Anziehungskraft. Keine Frau will sich an so einen Mann am Strand sitzend anlehnen und gemeinsam mit ihm aufs Meer blicken.

31 Karate als Initiierungsritual zum Mann

Das Männerhaus und der brüderliche Kreis der erfahrenen Jäger gibt es nicht mehr. Wir leben in einer Gesellschaft der uninitiierten Männer, in dem die alten Rollenbilder der Männer sich überlebt haben. Es fehlen im Leben immer mehr die realen Väter und Großväter und im Tohuwabohu des Alltags und der Mediengesellschaft sind Ersatzväter, Mentoren und echte Autoritäten für junge Menschen nur sehr schwer auszumachen. So wie es Dinge gibt, welcher nur Frauen unter sich verstehen, so gibt es Dinge, welche Männer nur unter sich erleben. Rückblickend reflektiert war für mich das Erlernen und Praktizieren von Karate unter anderem auch eine Art Initiierungsritual zum Mann. Es eröffnete mir meinen persönlichen Weg, so wie ich ihn gegangen bin. Ich war immer offen und interessiert am Leben und die jeweiligen Dinge wurden nie zu einem Götzen für mich. Autoritäten und Mythen habe ich immer hinterfragt.

Ich habe mich in den Kumiteformen (Kampfformen) des Karate meinen Ängsten gestellt. Karate half mir auch, die von der Evolution her in mir ruhende Gewaltbereitschaft zu kanalisieren und die daraus abgeleitete Sicherheit in Charakterstärke umzuwandeln. Das heißt, dass ich im Konfliktfall zunächst immer um Ausgleich bemüht bin, aber nach Abwägung der Sachlage für die Erfordernisse auch über entsprechendes Durchsetzungsvermögen verfüge.

Gerade sich in den halbfreien Kumiteformen Gohon-Kumite, Kihon-Ippon-Kumite und Jiyu-Ippon-Kumite seinen Ängsten zu stellen, treffen und getroffen werden, diese sich bewusst machen und letztendlich die Erfahrung, seine Ängste durch die Herausforderung der Kumiteformen überwunden zu haben, können sich für einen jungen Mann in der Adoleszenz, dem Lebensabschnitt nach beendeter Pubertät, wie ein Initiierungsritus auswirken. Er wird von einem Älteren (Sensei – Lehrer - Mentor) angeleitet, stellt sich seinen Ängsten im Kampf und erhält bei der Gürtelprüfung ein deutliches Zeichen seines Könnens und seiner Dazugehörigkeit zur Gemeinschaft der Karatekas. Der junge Mann spürt nun, dass er in seinem Sosein angenommen ist und er dazugehört. Dies gibt ihm aufgrund dieser Erfahrung lebenslange Sicherheit und Richtschnur, selbst wenn er schon wenige Jahre danach mit dem aktiven Praktizieren des Karate aufhört, behält er die ihm durch Karate übertragene Haltung bei. Nicht wenige Karatekas steigen nach jahrzehntelanger Karateabstinenz in den aktiven Prozess des Karatetrainings wieder ein.

Ich erinnere mich an einen Lehrgang mit dem damaligen Bundestrainer Horst Handel, als er über die Verbeugung vor und auf der Kampffläche lehrte. Er nahm zwei Jugendliche aus der Trainingsgruppe und ließ beide sich an den Rand einer fiktiven Kampfläche gegenüber aufstellen. Inhaltlich sagte Handel Sensei folgendes: „Mit der ersten Verbeugung, mit dem Gruß an der Kampffläche, signalisiert ihr, dass ihr euch auf das Ritual des Kampfes innerhalb dieser Fläche einlasst. Jetzt betretet die Kampffläche und begebt euch zur Markierung, von wo euer Kampf beginnt. Zunächst verbeugt ihr euch vor dem „Gegner" und bezeugt ihm so euren Respekt. Zum Karate gehört Härte. Im Karate kommt es nicht darauf an wie viel man austeilt, sondern wie viel man einstecken kann. Unabhängig was während des Kampfes geschehen ist, nachdem der Kampf beendet ist, verbeugt ihr euch erneut voreinander und geht langsam rückwärts zum Mattenrand. Jetzt verbeugt ihr euch erneut zur Mitte der Kampffläche. Mit dieser Verbeugung ist der vorherige Zustand der Reinheit wieder hergestellt. Das ist die Haltung im Karate; und die müsst ihr spüren."

Wenn wir uns die Frage stellen - wie wollen wir leben? Wie wollen wir auf gar keinen Fall leben? - so leitet sich hiervon die Frage ab: was ist ein guter Mensch. Was ist der Charakter einer normalen reifen und gesunden Persönlichkeit. Denn Grundvoraussetzung für ein glückliches zufriedenes und erfülltes Leben innerhalb unserer Gesellschaft, mit unserer Familie und Partner, ist diese reife Persönlichkeit. Die Person zu werden und zu sein, welche man eigentlich ist, ganz zu seinem Selbst, zu seiner Seele zu finden. Und das Praktizieren von Karate vermittelt uns eine Haltung. Diese Tradition beruht nicht in erster Linie auf der Übermittlung gewisser Ideen und Kenntnisse (Wissen), sondern auf der von menschlichen Haltungen.

32 Das Praktizieren des Karate während des Älterwerdens!

Meine Fragestellung lautet, wie sollten Karatekas mit 40, 50 oder mehr Jahren Karatepraxis im Alter ihr Karate, ihre Karatetechniken praktizieren. Mein Karatefreund Peter Betz sagte einmal zu mir: „Als ich 50 Jahre alt wurde und trotz intensivem Karatetraining noch keinerlei Verschleißerscheinungen verspürte dachte ich, prima, alles richtig gemacht! Wenige Monate später fing es mit den ersten Wehwehchen an." Bei mir persönlich ging es mit 55 Jahren los, da verspürte ich nach dem Training ab und an leichte Schmerzen im linken Hüftgelenk. Als ich 3 Jahre später wegen Bandscheibenbeschwerden bei meiner Orthopädin war, schilderte ich ihr auch meine Hüftprobleme. Sie unterzog mich sofort einer Röntgenuntersuchung und eröffnete mir lächelnd, Herr Harms, in spätestens 5 Jahren brauchen sie zwei neue Hüftgelenke. Nur Fußtritte, wie Yoko Geri oder Mawashi Geri, kann ich nicht mehr ausführen und trainiere sie auch nicht mehr. Ein Problem ist das für mich nicht.

Für mich persönlich gilt, dass ich die Karatetechnik in der Ausführungsform nur noch locker, schnell und entspannt angehe. Die überwiegende Zeit meines Karatepraktizierens habe ich mich während des Trainings angestrengt. Jetzt, im Älterwerden kommt es mir darauf an, dass die Ausführung der Technik im Mittelpunkt steht und nicht das Trainieren. Eine Fußballmannschaft geht auch nicht ins Spiel mit dem Gedanken sich anzustrengen, sondern das Spiel zu spielen und Tore zu erzielen. Wenn ich alle Heian Katas und die Tekki Shodan in lockerer Ausführung gelaufen bin, dann habe ich auch etwas für meinen Körper getan. Und mit der gleichen Einstellung nehme ich am Training im Dôjô teil. Ich möchte das Training über die Zeit entspannt durchstehen, das reicht mir persönlich. Wenn ich mich in meinem Alter zu viel anstrenge, schlimmer noch, körperlich verausgabe, dann habe ich im Praktizieren des Karate etwas falsch gemacht. Die Ausführung der Technik ist wichtig, nicht die Anstrengung während der Ausführung der Techniken im Training.

Ich spanne meine Techniken bei der Ausführung, auch bei der Grundschule, nur noch kurz bei der Arretierung, aber nicht mehr mit höchster Anspannung: Locker, schnell und kurze Anspannung. Und genau das entspricht von der Ausführung her dem Technikverständnis der Japan Karate Association (JKA). Der Schwerpunkt liegt auf der Schnelligkeit bei korrekter Ausführung und nicht bei der Anspannung in der Endphase der Technik.

Ich muss niemandem mehr irgendetwas beweisen und mir persönlich schon gar nicht. Denn Karate ist vor allem eine Einstellungssache, und diese Haltung werde ich nie verlieren. Mein bester Karatetrainer war und ist mein Makiwara an meinem Haus. Wenn ich ab und an am Makiwara trainiere, dann ziehe ich die stoßende Faust immer wieder zurück bis zur Hüfte. Durch das Training am Makiwara habe ich das Treffen gelernt. Ich kann so aus jeder beliebigen Positionen einen Tsuki „abschießen" und habe zudem auch die Gewissheit, dass ich mit Trefferwirkung auch treffe. Technisch war und ist mein Karate immer vom Ippon-Gedanken beseelt: Eine Technik und aus die Maus!

Es wird mit Sicherheit der Tag kommen, da wird körperlich mit Karatetechniken gar nichts mehr gehen. Aber ich weiß, dass mir aus meinem „Karateleben" eine innere Haltung bleiben wird, welche mich immer trägt. Diese Haltung verliert ein Karateka nie. Somit bleibe ich immer Karateka.

33 Karate als Tradition - Quo vadis Karate
Innerhalb der kulturellen Traditionen der Budôdisziplinen der Samurai und des Zen-Buddhismus gab es kein Karate. Daher steht das Karate nicht von Anfang an in dieser Tradition innerhalb deren historischen Geschichte, sondern leitet sich aus diesen Traditionen ab. Karate hat sich sehr viel später mit seinen verschiedenen Stilrichtungen entwickelt. Das heißt, dass es im Karate bedingt durch diese verschiedenen Stilrichtungen nicht nur die eine Tradition gibt und es somit es auch nicht das eine „traditionelle" Karate gibt. Bedingt durch die verschiedenen Stilrichtungen gibt es eine Vielfalt im Karate und erfahrene Karatekas wissen um diesen Wert für ihre persönliche Weiterentwicklung auf dem Weg des Karate.

Das Wesen des Karate Dô ist die spirituell ausgerichtete Persönlichkeitsentwicklung, welche frei von irgendwelchen Ideologien ist, bei dem es nur auf den Praktizierenden selbst ankommt. Welche Schlüsse, Lehren und Erfahrungen er daraus ableitet, ist seine persönliche Angelegenheit. Im Karate Dô geht es unter anderem um Selbsterfahrung. Das Erkennen des Großen im Kleinen und ein lebenslanges Bestreben im Bemühen um sein persönliches Karate.

Wenn wir von Karate Dô oder von Karate als Kampfkunst sprechen, dann gilt es, hierfür auch eine geeignete Definition zu finden, welche von den Karatekas in einer demokratischen pluralistischen Gesellschaft praktiziert und vertreten werden kann. Die Festlegung des Karate-Dô beschränkt sich auf einen äußeren Rahmen. Die oben beschriebene These von Karate Dô, als spirituell ausgerichtete Persönlichkeitsentwicklung, ist heute nur noch eine mögliche Facette sein „Karate" zu praktizieren. Ich beurteile dies positiv. Der Deutsche Karate Verband ist heute strukturell ein breit aufgestellter Sportverband, welcher mit seiner Angebotspalette über Breitensport, Soundkarate, Inklusion von Menschen mit Beeinträchtigung, Wettpampf- und Leistungssport den Anforderungen einer liberalen Gesellschaft gerecht wird. Somit wird Karate in Deutschland mehrheitlich als Breitensport und sportlicher Wettkampf praktiziert.

Umgekehrt ist ein Karateverband als Institution abhängig von den Menschen innerhalb einer Gesellschaft, welche Karate betreiben. Das heißt, die Sozialisierung einer Gesellschaft ist ein wesentlicher Faktor, mit welchen Einstellungen und Erwartungen die Menschen zum Karate kommen. Also die Bereitschaft, regelmäßig zweimalig in der Woche am Training teilzunehmen und die Intention sich körperlich anzustrengen, sowie die Akzeptanz, die erforderlichen finanziellen Beträge aufzuwenden. Abzüglich Schulferien und Feiertage verbleiben bei zweimaligem wöchentlichem Training 80 Trainingseinheiten. Jährlich. Dann bewegen wir uns im Karate immer noch im Bereich des Breitensports. Für den Durchschnittsbürger jedoch, von seiner mentalen Belastbarkeit am Training teilzunehmen, stellt dieser Aufwand eine erhebliche Herausforderung dar. Im durchschnittlichen Karate-Verein sind bedingt durch die Anzahl der Mitglieder alle Graduierungen mit unterschiedlicher Leistungsbereitschaft vertreten. Für den Trainer ist dies eine Herausforderung, welche auch bei bester fachlicher Qualifikation nicht befriedigend zu lösen ist. Lediglich Vereine mit größerer Mitgliederzahl können nach Alter, Graduierung und Leistungsbereitschaft ein entsprechendes Trainingsangebot strukturieren.

Der Grund, weshalb ich dies erwähne ist der, wenn wir uns Gedanken über rückläufige bzw. stagnierende Mitgliederzahlen machen uns bewusst machen müssen, dass die Ursache hierfür ein gesellschaftliches Problem ist. Wir sprechen in Medien und Öffentlichkeit permanent von Leistungsgesellschaft, bei gleichzeitiger Abnahme der Bereitschaft in der Mehrheitsgesellschaft ihre zumutbaren Leistungen zu erbringen. Es hat sich eine Anspruchsgesellschaft gebildet, bei der durch vorhergehende Generationen unter großen Mühen errungene politische Freiheiten und damit einher gehender Lebensstandard als Selbstverständlichkeit angesehen werden. Der persönliche Anspruch an sich selbst von ich will und ich sollte ist daher sehr groß.

Breitensport bezieht sich immer auf die Mehrheit und damit ist seine Ausführungsform der Durchschnitt. Mag für den einzelnen Breitensportler die für sich erbrachte Leistung erfüllend und befriedigend sein und ihn aus der Masse der nicht Sporttreibenden hervorheben; Spitzenleistung ist es nicht. Wer von der technischen Ausführung ein guter Karateka sein will, muss sehr viel trainieren und wer erfolgreich Karate als Wettkampfsport betreiben will, muss sich für die Disziplin Kumite oder Kata entscheiden. Und gerade erfolgreiches

Kumite-Training für den Wettkampf schließt das breite Spektrum des Karate aus. Wer sich für beides entscheidet, landet im Mittelmaß. Für den Wettkämpfer in der Disziplin Kumite erfolgt somit nach Beendigung der aktiven Laufbahn die Entscheidung, mit dem Karate aufzuhören oder als Trainer für den Wettkampfsport weiterzuarbeiten. Ein Umschalten auf das breite Spektrum des Karate ist gleichzusetzten mit dem Neuanfang in einer Sportart. Da die Disziplin Kata ein breiteres Technikspektrum des Karate beinhaltet, werden Spitzenathleten aus dieser Disziplin die Karatetechniken auf hohem Niveau bewahren und weitergeben können. Ohne dieses Bewahren und Weitergeben würden die Kombinationen der „Grundtechniken" (Grundschule) in absehbarer Zeit aus dem allgemeinen Trainingsbetrieb verschwinden. Denn Vorbilder bezüglich der Ausführung für eine Sportart sind ihre SpitzenathletenInnen. Die Befindlichkeit einer Sportart, oder anders ausgedrückt der Ist-Stand, ist für die richtigen sportpolitischen Entscheidungen, nicht nur auf oberster Verbandsebene, sondern gerade für die Vereine notwendig. Denn in den Vereinen an der Basis werden die Entscheidungen in der Praxis getroffen, auf welche Weise die Umsetzung des Trainings erfolgt und welchen sportlichen Weg des fassettenreichen Weges des Karate man anstrebt. Zur dauerhaften Förderung des Breitensports ist es unbedingt erforderlich, professionelle TrainerInnen auf Bundes- und Landesebene zu beschäftigen; vor allem mit einem anständigen Gehalt. Dies gilt auch für Vereine. Da die Mehrheit der Vereine nicht in der Lage ist, einen hauptamtlichen Trainer zu beschäftigen, sollte dies auf Honorarbasis geschehen. Dies ist seit mehreren Jahrzehnten auch schon der Fall. Mir geht es aber vor allem darauf hinzuweisen, dass sportpolitisch von den Verbänden ausgehend eine Akzeptanz postuliert werden sollte, dass qualifizierte Arbeit heutzutage nur über entsprechendes Honorar eingefordert werden kann. Sollte dies nicht der Fall sein, werden in den nächsten 10 Jahren durch altersgemäß in Ruhestand gehend nicht mehr ausreichend Trainer zur Verfügung stehen. Gemäß der Bibel „Du sollst keine anderen

Götter neben mir haben!", haben viele Trainer ihre Nachfolge nicht geregelt. Und jetzt wird es immer schwieriger, geeignete Nachfolger zu finden. Diese Vereine werden sich auflösen müssen.

Kinder- und Jugendtraining

Im Karate-Training für Kinder hatte man immer die Hoffnung, durch frühzeitiges Angebot den Nachwuchs in den Bereich der Jugend und der Heranwachsenden überleiten zu können und vor allem, dass sie nicht durch Aktivitäten in anderen Sportarten für das Karate schon von vornherein verloren gehen. Mir liegen hierüber keine empirischen Untersuchungen vor, aber meine Erfahrung sagt mir, dass die Mehrheit der Kinder, welche vor dem 10. Lebensjahr mit dem Karate begonnen hat, innerhalb eines Zeitraums von 3 Jahren nicht mehr dabei sind. Damit ist es auch mit der Begeisterung für das Karate vorbei. Diese Kinder sind mit hoher Wahrscheinlichkeit für den Karatesport verloren. Insgesamt ist jedoch festzustellen, dass in allen Sportarten in Deutschland innerhalb der Altersstruktur von 18 bis 25 Jahren ein Mitgliederschwund zu verzeichnen ist, da ein Großteil der Aktiven mit dem Sport aufhört. Es ist richtig, dass Kinder mehrere Sportarten ausprobieren und es somit zu Fluktuationen kommt. Es ist aber nicht so, dass dies als problematische Abwanderung zu anderen Sportarten gesehen werden muss, sondern es kommen auch Kinder aus anderen Sportarten zum Karate.

Kinder wollen bei sportlicher Betätigung sich nicht anstrengen oder konzentrieren, sondern sie wollen spielen und Spaß haben, was kindgemäß vollkommen in Ordnung ist. Die motorischen und kognitiven Fähigkeiten differenzieren entwicklungsbedingt in diesen Altersstufen erheblich. Erschwerend kommt hinzu, dass durch mangelnde Bewegung im Alltag nicht wenige Kinder erhebliche Defizite in der altersmäßigen Motorik vorweisen, übergewichtig sind und an einer Konzentrationsschwäche leiden. Die Techniken selbst, einschließlich Kombinationen und Katas, sind nur in einer Grobform abrufbar. Unter dieser Prämisse sind die Leistungen für Gürtelprüfungen nur eingeschränkt einzufordern. Daher sollten Gürtelprüfungen gar nicht im Vordergrund stehen, sondern dass die Kinder sich spielerisch so viel wie möglich im Karatetraining bewegen. Das Kinder- und Jugendtraining ist für TrainerInnen die anspruchsvollste Herausforderung, da sie neben der fachlichen Kompetenz der Sportart auch pädagogische Kenntnisse und Fähigkeiten erfordern. Ebenso das Eingeständnis, dass das Training im Kinder- und Jugendbereich eine hohe psychische Belastung für TrainerInnen mit sich bringt. Nur eine analytische Betrachtungsweise hilft uns, diese Herausforderungen dauerhaft befriedigend zu bewältigen.

Karate als Kampfsport heißt auch kämpfen!
Karate wird von dem außerhalb stehenden Laien als Kampfsportart wahrgenommen. Wer sich dann entschließt, einem Karateverein beizutreten wird feststellen, dass das freie Kämpfen innerhalb des allgemeinen Trainingsbetrieb nur selten vorkommt. Nichte wenige Aspekte eines Kampfsports werden auf den Sankt Nimmerleinstag verschoben. Das Training hat sich zur Kultivierung qualifizierter Bewegungen entwickelt. Ich habe im Alter von 16 Jahren mit dem Karate angefangen und kann mich noch sehr gut daran erinnern, wie stolz ich als 20jähriger war, ein knallharter Karateka zu sein. Heute, mit meinen 69 Jahren bin ich im Randori ein lockerer freundlicher Trainingspartner, der mit seinen jeweiligen Trainingspartnern dabei auch mal lacht und sie ermuntert, ihn am Körper zu treffen, ohne dass mit einer Blocktechnik gleich draufgehauen wird. Bei Bedarf könnte ich jedoch sofort umschalten und mein Trainingspartner würde sich wünschen, mir nie begegnet zu sein. Was ich damit sagen will ist, dass gerade Vereine, welche sich dem traditionellen Karate verschrieben haben flächendeckend nicht gelungen ist, lockeres Randori und das

Kämpfen an sich zu vermitteln. Bei aller Härte des Karate, nirgendwo hatte ich lockerere Partner beim Randori als in Japan. Daher gilt es immer wieder, die Dinge auf den Prüfstein zu stellen, wie und was wir im Karate vermitteln und trainieren wollen: „Nach Altem forschen heißt, das Neue zu verstehen!" Gerade die Facette des sportlichen Kumite, mit seinem sportlichen Fair Play auf der Kampffläche, verfügt noch über erhebliches Verbesserungspotential in der Bewegung, anstatt zu Steppen wird herumgehopst, der visuellen Eindeutigkeit der Techniken (Qualität) und die dazugehörige Körperhaltung bei deren Ausführungen.

Von der Altersstruktur her hat sich das Karate zu einem Verband für Kinder und der Älteren entwickelt, mit einem erheblichen Zuwachspotential ab der Altersgruppe 50 Plus. Vergleicht man die Mitgliederzahlen mit anderen Sportarten über mehrere Jahrzehnte so ist festzustellen, dass alle Sportarten durch den demographischen Faktor einen dramatischen Mitgliederschwund zu verzeichnen haben. Dagegen sind die stagnierenden Mitgliederzahlen der Karateverbände genaugenommen als Zuwachs zu interpretieren.

34 Eindrücke von meinen Japanreisen
In den Jahren 1980, 1981, 1983, 1986 und 2003 habe ich meinem jeweiligen Urlaub in Japan verbracht. Insgesamt ca. 26 Wochen. Bedingt durch meine damalige japanische Ehefrau hatte ich auch sonst gute Einblicke in die japanische Gesellschaft. Meine Schwiegereltern hatten Zentral in Tokyo gelegen ein für japanische Verhältnisse großes Haus (Tokyo, Setagaya-Ku, 5-31-14 Fukazawa (Subway Todoroki Station). Mit der Zeit habe ich mich in Tokyo wie zu Hause gefühlt. Es war ein tolles Gefühl mit der Subway von „zu Hause" zu Iida Sensei ins Training zu fahren. Ich denke, dass ich im Alltagsbetrieb eines JKA-Dojos mehr über das Praktizieren des Karate in Japan erfahren habe,

als ich es als Mitglied einer Sportlerdelegation oder so ähnlich erlebt hätte.

Wohl jeder Karateka, der sich längere Zeit mit dem Karate beschäftigte, verspürte schon einmal den Wunsch nach Japan zu reisen, um dort im Mutterland des Karates in einem Dojo zu trainieren. Im Karatetraining der Uni Mainz hatte ich Kaiji „Dashi" Miyauchi kennen gelernt, der mich am Sonntag, den 23. März 1980, mit in seine Heimat nahm. Die Maschine der Japan Air Lines startete um 11:00 Uhr am Flughafen Frankfurt und über Hamburg und Anchorage/Alaska ging es noch Tokyo Narita Airport. Dort landete die Maschine montags um 17:30 Uhr Ortszeit. Die reine Flugzeit betrug 17 ¾ Stunden. In Alaska hatte man 2 ½ Stunden Aufenthalt. Am Flughafen holte uns sein Studienfreund Aritomi San ab. Bei der gegenseitigen Begrüßung sagte Nadashi beiläufig, dass er schon seit 7 Jahren nicht mehr in Japan war und er deshalb sehr beschäftigt wäre. Sein Freund Aritomi San würde sich von nun an um seinen Freund Jochen San kümmern.

Aritomi San wohnte gemeinsam mit seiner Ehefrau in einem typischen japanischen Holzhaus (Toyoo Aritomi, Tokyo, Setagaya-Ku, 3-2-4 Unane). So verbrachte ich die erste Nacht stilecht in einem japanischen Holzhaus, die Schlafstätte im Wohnraum auf dem Boden zubereitet. Die dicke Bettdecke sah aus wie ein großer Kimono, den man mit der Innenseite auf sich legte. Man konnte sogar mit den Armen in die Ärmel schlüpfen. Das Haus hatte keine Heizung. Im Wohnraum stand in der Mitte ein kleiner Tisch. Darunter war ein Gasofen in den Boden eingelassen. Über die Tischplatte wurde eine Decke gebreitet. Jeder, der im Schneidersitz um den Tisch saß, nahm die Decke bis zur Hüfte. So war es von unten mollig warm, während man oben herum die Kälte im Raum spürte. Es dauert eine Weile, bis der Körper sich so erwärmt hatte.

Nur durch einen kleinen Garten getrennt stand auf der gegenüberliegenden Seite ein weiteres Holzhaus, in dem die Eltern meines Gastgebers wohnten. Dort frühstückten wir und ich aß zum ersten Mal mit Stäbchen (Haschis). Es gab Misosuppe mit Seetang, Reis und gegrillten Fisch. Dazu wurde grüner Tee (immer ohne Zucker) gereicht. Der 80jährige Vater meines Gastgebers, Toyoo Aritomi, war begeistert, dass ein junger Deutscher nach Japan zum Karatetraining kam. Mit etwas Englisch und mit Hilfe eines Wörterbuches konnten wir uns ganz gut unterhalten. Ich musste mich unter anderem neben seinen 165 cm großen Sohn stellen und er nahm Maß. Die Deutschen hatte er sich größer als 170 cm vorgestellt. Ich konnte ihn dann aber beruhigen, dass es auch größere Exemplare als mich in Deutschland gibt.

Meine Unterkunft in Tokyo

Als nächstes bekam ich im Zentrum von Tokyo in einer Wohnanlage eine 3-Zimmerwohnung besorgt: Shinjuku ku, Shinogawamachi 2, Edogawa Apart 7 – 2 (Tel. (03) – 260-6776. Die Miete kostete für die 6 Wochen meines Aufenthaltes umgerechnet 600 DM. Wem die Wohnungsknappheit und Mietpreise in Tokyo bekannt sind der weiß, was das bedeutet. Bei der Wohnungsübergabe durch den Hausmeister kam dann noch der erhobene Zeigefinger: keine Frauenbesuche! Ich antwortete mit Ossu! Anschließend wurde ich einer Familie in der Nachbarschaft und dem Kioskbetreiber der Wohnanlage vorgestellt, welche nun ebenfalls auf mich aufpassten. Als nächstes gingen wir in ein kleines Restaurant um die Ecke. Vor jedem Restaurant sind die Speisen in einer Vitrine in Plastik dargestellt. Dashi erklärte mir die Speisen und stellte mich im Lokal den beiden weiblichen Bedienungen vor. Sooft ich später das Lokal besuchte und egal zu welcher Uhrzeit, morgens oder abends, es waren immer die beiden gleichen Bedienungen bei der Arbeit.

Von meinem neuen Domizil waren es 10 Minuten Fußweg zur U-Bahnstation Iidabashi. Hier besorgte Dashi mir einen Monatsfahrschein und fuhr mit mir die Fahrtstrecke zum Honbu-Dojo ab. Noch heute weiß ich die Namen der S-Bahnstationen auswendig: Iidabashi, Ichigaya, Yotsuya, Shinanomachi, Sendagaya, Yoyogi (hier musste ich umsteigen), Harajuku, Shibuya und schließlich Ebisu. Anmerkung: Das JKA-Honbu-Dojo befindet sich heute in Iidabashi.

JKA Honbu Dôjô in Tokyo Ebisu

Das Honbu-Dôjô der Japan Karate Association lag 2 Minuten von der S-Bahnstation entfernt in der 1. Etage eines Geschäftshauses. Über eine eiserne Außentreppe gelangte man zum Eingang des Dojos. Am Treppengeländer war ein großes Schild mit dem Schriftzug Japan Karate Association und der Tel.-Nr. angebracht. Über einen kleinen Flur kam man zur Rezeption, hinter der sich ein offener Bürobereich anschloss. Einige mir vom Gesicht her bekannte Instruktoren saßen dort über ihre Schreibtische gebückt und taten beschäftigt. Gegenüber der Rezeption befand sich ein kleiner Büro- und Aufenthaltsraum, in dem man im Vorbeigehen, wenn die Tür zufällig geöffnet wurde, die Instruktoren rauchen sah. Gerade aus an der Rezeption vorbei ging es durch einen dunklen Vorraum in das eigentliche Dôjô. Links, nach dem man das Dôjô betreten hatte, befanden sich drei Reihen alter Kinositze für Zuschauer, die nach vorne zum Trainingsbereich mit einer Theke abschlossen. Zwischen Zuschauerbereich und Parkettboden war ein 4 Meter breiter Teppichboden. In diesem Bereich hielten wir uns immer vor Trainingsbeginn auf. Um zur Umkleidekabine zu gelangen, musste man über die Trainingsfläche zur Tür in der hinteren rechten Ecke gehen. In der Umkleide selbst hingen wie in einem Kaufhaus auf einem Verkaufsständer die Karategis der Mitglieder. Jetzt verstand ich, warum die Japaner auf ihren Karateanzügen ihre Namen aufsticken lassen.

Karate-Training im Honbu Dôjô der JKA in Ebisu

Das Training dauerte 1 Stunde. Da die Gymnastik nur ca. 3 Minuten dauerte, manchmal auch etwas kürzer, empfahl es sich vor Trainingsbeginn selbst aufzuwärmen. Die Aufstellung erfolgte, angefangen von der Graduierung der Schwarzgurte, von links nach rechts. Nach dem Niederknien wurden die 5 Regeln des Gichin Funakoshi heruntergebetet. Trainingsinhalt waren die Grundschultechniken und -kombinationen, wie sie auch in den Prüfungsordnungen in Deutschland vorzufinden sind. Das Training wurde von einem Instruktor und einem Assistenten geleitet. Der Assistent beschränkte sich auf stummes Korrigieren der Schüler und als Partner des Instruktors bei Demonstration der Techniken. Von der körperlichen Anstrengung her würde ich das Training als mäßig und locker bezeichnen. Schwerpunkt war den Schülern die Vermittlung der Techniken vom Ablauf her; Grobform der Grundtechniken. Von Kampfgeist und Powertraining war da nichts zu verspüren. Zu diesem Zeitpunkt betrieb ich schon 9 Jahre exzessiv Karate und der Schwerpunkt unseres Trainings meines heimischen Dôjôs waren die Techniken der Grundschule. Daher empfand ich das Training als langweilig. Auch nach 30 Jahren im Rückblick erscheint mir dies so. Ich war leistungssportmäßig total austrainiert und in unserem Training in Deutschland war mein Karategi nach 5 Minuten total durchgeschwitzt. Für einen Schüler, welcher die Basis, also die Grundschule des Karate erlernen will, war es ein sehr gutes Training. Heute verstehe ich die Intention der JKA, den Schwerpunkt auf Kihon – die Grundtechniken – zu legen. Da kommen permanent aus aller Welt Karatekas mit erheblichen Defiziten in der Ausführungsform der Grundtechniken, da ist der Gedanke, erst mal eine technisch einwandfreie Basis zu schaffen vollkommen richtig. Auch heute noch ist das alljährliche Spring Joint Training nichts anderes als die Vermittlung seriöser Grundtechniken an Schwarzgurte aus aller Welt.

Zu Beginn meiner ersten Trainingseinheit im HQ musste ich mich kurz vorstellen: Name, aus welchem Land usw. Danach hat mich während den gesamten 6 Wochen meines Gasttrainings, außer Gudrun, Wolfgang Weinhold und Chandra Jayatilleke, niemand mehr angesprochen. Es wurde sich viel verbeugt und ge-Uss-t (Ossu - Kenner wissen was ich meine). Der Tonfall und die Lautstärke im Gespräch waren wie beim Besuch des Vatikans in Rom. Damals als auch heute fällt mir nur das Wort unterwürfig und Heuchelei ein. Hier wurde mir gelehrt, wie ich in meinem Karate-Dô nicht sein wollte. Auch heute noch gehe ich im Dôjô auf die Menschen zu, sehe ihnen in die Augen und behandle niemanden von oben herab.

In der Morning Class von 06:00 bis 07:00 Uhr kamen immer nur 1 Instruktor und ca. 4 bis 5 Schüler. Diese Trainingseinheit gibt es heute nicht mehr. In der Trainingseinheit von 10:30 bis 11:30 Uhr kamen durchschnittlich 12 bis 15 Schüler. In den Trainingseinheiten ab 18:00 Uhr waren es durchschnittlich zwischen 15 bis 20 Schüler. Gut ein Drittel der Karatekas waren Ausländer. Geschäftsleute, die in Japan lebten, Weltenbummler und Spinner, die ein paar Monate oder Jahre in Japan verbrachten oder Leute wie ich, die im Karate etwas dazu lernen wollten. Wenn ich heute ein Resümee ziehen sollte, was ich bezüglich Technik bei meinem ersten Japanaufenthalt gelernt habe, so ist das im Bezug der Karatetechniken der 70er Jahre in Deutschland zu verstehen. In unserem Dôjô wurden die Fausttechniken von Anfang bis Ende unter voller Muskelanspannung durchgeführt. Wehrte der Partner diese Technik mit Age-Uke ab, übte man von oben auf den abwehrenden Arm noch Druck aus.

Im Honbu Dôjô war es strikt verboten Foto- oder Videoaufnahmen zu machen. Eines Tages überraschte mich der 80jährige Toyoo Aritomi San mit seinem Besuch während des Trainings. Er packte seine Fotoausrüstung aus und begann unbekümmert Fotoaufnahmen zu machen. Kein Instruktor wagte es ihn daran zu hindern. Ich denke, hier war es die japanische Kultur, die ihnen dies untersagte. Kein Japaner würde einem erheblich älteren Mann bei so einer Gelegenheit zurechtweisen. Es kam dann noch ein älterer Japaner aus dem Office zu Aritomi San und beide unterhielten sich freundschaftlich, wie ich mit den Augenwinkeln beobachten konnte. So kam es, dass ich ein paar Fotoaufnahmen vom Honbu Dôjô in Ebisu und meinen Freunden habe.

1980 Honbu Dôjô der JKA in Tokyo/ Ebisu   Rechts im Hintergrund mit einem Shinai in der Hand Masahiko Tanaka.

1981, Wolfgang, Jochen, Gudrun u. Norihiko Iida

1986, Training im Hôzôji Dôjô

143

Training bei Masahiko Tanaka

Ich kann mich auch noch sehr gut an die Trainingseinheit bei Masahiko Tanaka erinnern. Einen Oi-Tsuki mit dem rechten Arm konterte er mit Mae-Geri Chudan ab. Anschließend wurde der tretende Fuß auf der Rückseite des Partners abgesetzt und mit der Ferse des linken Fußes im Chudanbereich eine Beinschere (Kanibasami) angesetzt. Der rechte Fuß hackte sich gleichzeitig mit seinem Spann unter dem rechten Knie des Partners ein. So wurde der Partner zu Fall gebracht und auf dem Boden liegend gab es noch einen Mawashi-Geri auf die Hals. Dies geschah alles im Bruchteil einer Sekunde. Wichtig bei dieser Übung ist, dass der Partner mit Oi-Tsuki entschlossen angreift. Anschließend durften wir die Technik mit unserem Partner üben. Es muss von außen schrecklich anzusehen gewesen sein. Die Gruppe war von ihrem Leistungsstand her gar nicht in der Lage diese Übung annähernd zu können. Als vorletzte Übung mussten wir uns in langer Reihe in ca. 10 Meter Entfernung vor dem Sandsack aufstellen. Einzeln mit Anlauf mussten wir auf den Sandsack darauf zu laufen und mit einem Tsuki dagegen abschließen. Tanaka Sensei stand nur daneben und schüttelte nach jedem Tsuki mit dem Kopf. Als Abschlussübung machten wir Liegestütze bis zum Abwinken. Tanaka Sensei ermunterte uns mit den Worten: Never give up! Der geneigte Leser möge sich seine eigene Meinung bilden.

Meine persönlichen Eindrücke in Tokyo

Im Honbu Dôjô habe ich Wolfgang Weinhold und seine damalige Freundin Gudrun kennen gelernt. Beide waren 1979 nach Japan gekommen um hier Karate zu trainieren. Durch die beiden bekam ich schneller Einblicke und Verständnis für das Training im Honbu Dôjô, als auch für die japanische Gesellschaft. Die beiden bestritten ihren Lebensunterhalt durch Übersetzertätigkeiten und Sprachunterricht. Wolfgang erzählte mir einmal, dass er beim Dolmetschen, insbesondere wenn es um Geschäfte geht, oftmals etwas ganz anderes sagen muss, um den Geschäftsabschluss nicht zu gefährden. Ich habe Wolfgang immer nur in Japan getroffen, zuletzt 1986 in Tokyo. Wolfgang Weinhold hat sich im August 2016 während seines Deutschlandbesuch telefonisch bei mir gemeldet; leider hatte er keine Zeit mich im Rheingau zu besuchen.

Ich nahm mir viel Zeit Tokyo zu erkunden. Mit dem S- und U-Bahnsystem kam ich gut zurecht. Wenn ich einen Passanten nach einer Station fragte, wurde ich oft zu dem entsprechenden Abfahrtsgleis geleitet. So schöne Kaufhäuser und Geschäfte wie 1980 in Tokyo, gab es zu dieser Zeit in Deutschland noch nicht. Die einzelnen Abteilungen in den Kaufhäusern waren selbständige Firmen.

Überall an den Eingängen und Aufzügen standen Hostessen in Uniformen und begrüßten die Gäste. Die Verkäufer sind sehr freundlich und hilfsbereit, so wie wir es in Deutschland nicht kennen. Im Restaurant oder Café genügt ein Blick und schon kommt eine Bedienung mit Höchstgeschwindigkeit angerannt und fragt nach dem Wunsch. In kleinen Restaurants konnte man sehr preisgünstig speisen. Die Gestaltung der Stadt, die Gebäude, Tempel, Fußgängerbrücken über Kreuzungen und alte Holzhäuser, ist am Anfang gewöhnungsbedürftig. Vieles empfand ich am Anfang als ein sehr hässliches Bild. Die jungen Frauen trugen überwiegend Faltenröcke und Seidenkniestrümpfe in allen Farben. Dazwischen immer wieder Schwärme von Schülern in ihren Schuluniformen. Auch Frauen im Kimono, welche zu irgendwelchen Festlichkeiten unterwegs waren, konnte man öfters sehen. Trotz vieler optischer Eindrücke, welche uns Europäer an das alte Japan erinnern, sollte man nicht verkennen, dass Japan ein modernes Industrieland ist, welches sich lediglich von einer anderen Kultur ableitet. Die Zeit der Samurai ist lange vorbei. Die Japaner sonnen sich zwar gerne im Zusammenhang mit den Samurai, ihr alltägliches Verhalten ähnelt aber eher einer bäuerlichen Kultur. Vom Karate hat der durchschnittliche

Japaner keine Ahnung. Karatekas sind für den Japaner etwas suspekt und werden auch in Verbindung zu rechten Parteien gesehen. Budôdisziplinen wie Kendô, Kyudô, Jûdô oder Aikidô haben ein besseres Ansehen als das Karate (Stand 80er Jahre).

Norihiko Iida, *09.02.1942 +19.10.2022

Karate-Training bei Iida Sensei

Bei meinem nächsten Besuch in Tokyo nahm mich Wolfgang Weinhold mit in das Dôjô von Norihiko Iida Sensei in Yotsuya-Sanchome. Und genau hier im Hôzôji Dôjô war es so, wie ich es mir immer vorgestellt hatte. Iida Sensei ist von Beruf buddhistischer Mönch. Er ist verheiratet und Vater zweier Söhne. Er durchlief 1967 den Instruktor Kurs und war auf den Meisterschaften der JKA ein sehr erfolgreicher Kämpfer. Auf dem Areal des Hôzôji-Tempels ist auch das Dôjô angegliedert. Das Dôjô selbst befindet sich im 1. Obergeschoss. Im Erdgeschoss stehen aneinandergereiht 5 Makiwara. Im Hôzôji Dôjô wurde Shotokan Karate und Kendô gelehrt. Dienstags, donnerstags und samstags, von 19:00 bis 20:00 Uhr waren wir dran. Das Training wurde meist von Iida Sensei selbst geleitet. Aber auch Yamamoto Sensei, Tomio Imamura Sensei, Yasuo Hanzagi Sensei und Yasunori Ogura Sensei habe ich dort als Trainer erlebt. Das Training lief immer nach dem gleichen Schema ab: Grundschule - Kumite – Kata. Nur eines gleich vorweg: Es war nie langweilig. Nach kurzer Aufwärmung hieß es gleich: Hidari Gedan-Barai, Gyaku-Tsuki/Age-Uke. Es erfolgten dann 200 Techniken rechts und 200 Techniken links. Viele werden sich jetzt verwundert fragen, warum zuerst die Fausttechnik und dann die Blocktechnik erfolgen.

Ganz einfach, damit die Fausttechnik nicht in der Endphase zu lange angespannt bleibt und die Technik verspannt. Ich kann mich noch sehr genau daran erinnern, dass ich nach den ersten 50 Techniken schon ziemlich fertig war. Als ich dann bei den verbleibenden 150 Techniken nur noch auf Schnelligkeit und korrekte Ausführung achtete, stellte ich fest, dass die Faust beim

Tsuki in der Endphase automatisch arretierte und ich 200 Techniken mit gleicher Anstrengung durchführen konnte, wie zuvor 50 Techniken mit zu viel Anspannung in der Bewegungsphase. Ich denke, dass ich hier zum ersten Mal die Karatetechnik richtig verstanden hatte; nach 10 Jahren Karatetraining. Man könnte auch sagen, dass ich meine Karatetechnik innerhalb von einer auf die andere Sekunde umgestellt habe. Anschließend ging es mit Mae-Geri im Stand weiter; ebenfalls jeweils 200 Techniken. Da ich jetzt die Geschwindigkeit als Schwerpunkt ausmachte und nicht mehr die Anspannung, gingen die 200 Techniken locker voran. Gerade im Dôjô von Iida Sensei saß man oftmals nach Ausführung mit seinen vorherigen Kumitepartnern am Rand des Dôjôs, sah den anderen beim Kumite zu und lachten. So geschehen mit Tatzuo Kitamura (2. Dan). Wir haben uns immer beim Jiyû-Ippon-Kumite kräftig beharkt. Geblockt wurde nur mit der offenen Hand. Anschließend saßen wir am Rand des Dojos und sahen entspannt den anderen beim Jiyû-Ippon-Kumite zu. Ich habe das immer als Akzeptanz und Respekt von Tatzuo aufgefasst, dass er mich entschlossen und mit aller Schnelligkeit angegriffen hat. Und ich habe ebenfalls immer mit dem Willen zu treffen angegriffen. Es gibt ein Foto von Tatsuo Kitamura und mir, wo wir beide im Dojo von Iida Sensei nach dem Training zusammensitzen und uns unterhalten. Tatsuo raucht eine Zigarette und ich trinke gerade ein Bier.

Sobald ich meinen Partner etwas schwächer eingeschätzt hatte, habe ich nur in gerader Richtung angegriffen. Bei Tatsuo habe ich den Mae-Geri zwar zunächst in gerader Richtung angesetzt, bin dann aber während der Ausführung in Richtung der Ausweichbewegung nachgegangen. Mein Mae-Geri wurde in der Anwendung durch dieses Training frei. Bei Landesmeisterschaften habe ich für meine Mae Geris später mehrmals Ippon erzielen können. Die Japaner waren bezüglich des Karate nicht so kopflastig wie meine Generation damals. Die drei von mir beschriebenen Kumiteformen wurden im Hôzôji Shi Dôjô dynamisch, schnell/locker und mit

Ernsthaftigkeit, also dem Willen zum Treffen, ausgeführt. Bei dieser Ausführungsweise konnte man sich kämpferisch ausleben und durch das Jiyû-Ippon-Kumite wurde man flexibler für das freie Kämpfen. Zum Vergleich war die Ausführungsweise des Jiyû-Ippon-Kumite in Deutschland statisch, durch zu viel reglementieren nicht kreativ genug und für das Erlernen des freien Kampfes nur bedingt geeignet. Das Shotokan Karate der 70er und 80er Jahre in Deutschland war von der Technikausführung ein grundschulbetontes Karate. Man könnte es von der Ausführungsform her als eigene Stilrichtung bezeichnen, welches sich vom Shotokan Stil der JKA ableitete.

Als ich im März/April 1986 wieder in Tokyo war und bei Iida Sensei im Dôjô trainierte erfuhr ich, dass Olaf Hütte aus Olpe längere Zeit bei Iida im Dojo der Taishô Universität und im Hôzôji Dôjô trainiert hatte und gerade wieder nach Deutschland zurückgekehrt war. Ich wollte unbedingt in Deutschland mal einen Karateka treffen, mit dem ich mich über meine Erfahrungen bezüglich Karate in Japan austauschen konnte. Anschrift, Familiennamen usw. hatte ich nicht. Ich wusste nur den Vornamen Olaf. Wieder nach Deutschland zurückgekehrt setzte ich mich bei einem Lehrgang mit Ochi Sensei auf die Tribüne und sah mir beim Training alle Schwarzgurte von der Technikausführung an. So habe ich Olaf Hütte gefunden. Er bewegte sich bei der Technikausführung wie die Karatekas in Iidas Dôjô. Auch in den Kumiteformen gab es für ihn nur eine Richtung: nach vorne! Ich habe ihn dann angesprochen und wir haben uns auch unterhalten und Adressen ausgetauscht. Ein weiteres Treffen fand aus welchen Gründen auch immer jedoch nie statt. Weitere Erinnerungen habe ich nach 37 Jahren nicht mehr. Was ich mit dieser Anekdote sagen will: Ich fand für mich hier meine Bestätigung, dass meine Beobachtungen, wie die

Japaner ihr Karatetechniken ausführten richtig war – Betonung auf maximale Geschwindigkeit!

Merke: „Der Sinn, mit einem Arm 200 Gyaku-Tsuki hintereinander zu stoßen liegt nicht in der Konditionierung der Muskeln, sondern in dem Erlernen, mit einem ökonomischen Einsatz an Muskelkraft viele Techniken von gleich bleibender Qualität durchzuführen und nur im kurzen Augenblick der Kime Waza anspannen zu können. Gleichzeitig wird durch den minimalen Kraftaufwand der Muskeln auf der Bewegungsbahn der Technik die Geschwindigkeit optimal erhöht."

Kumite im Dôjô von Iida Sensei:

Die Technikkombinationen in der Grundschule waren die gleichen wie im Prüfungsprogramm vom 3. Kyu bis 1. Dan. Anschließend kamen die Kumiteformen Gohon Kumite, Kihon-Ippon Kumite und Jiyû-Ippon Kumite an die Reihe. Hier war und ist noch immer ein Unterschied wie Tag und Nacht zu verzeichnen. Alle Techniken wurden kämpferisch durchgeführt, das heißt, es wird mit den Intention zu treffen angegriffen. Ich habe jedoch nie erlebt, dass es zu Verletzungen kam. Dies hing auch damit zu tun, dass alle Techniken auf den Bewegungsbahnen locker ausgeführt werden. Dagegen war unser Karatetraining in Deutschland zu dieser Zeit körperlich betont härter und auch verletzungsanfälliger. Jeder Kombination erfolgt einmal in langsamer Abfolge und dann mit Höchstgeschwindigkeit und Kampfgeist. Der Angreifer geht mit seinem Körper weit in den Raum des Verteidigers hinein. Bedingt dadurch, dass die Techniken auf den Bewegungsbahnen geblockt werden und nicht erst bei gestrecktem Arm, reicht ein leichter Touch des blockenden Armes aus, um den Angriffsarm aus der Bewegungsbahn abzuleiten und somit letztendlich den Angriff zu blocken. Eine Angriffstechnik abzuwehren hat mehr mit Ableiten als mit Abblocken zu tun.

Da das Dôjô nicht sehr groß war, stellten sich bei Gohon-Kumite fünf Schüler in Längsrichtung der Halle auf. Jeder konnte sich dann seinen Partner aussuchen, mit dem er die Übung durchführte. Nach einer Weile wurde gewechselt und es kamen fünf andere Schüler an die Reihe. Bei Kihon-Ippon Kumite und Jiyû-Ippon Kumite stellten sich fünf Schüler in breiter Formation zur Halle auf. Auch jetzt konnte man sich seinen Übungspartner frei wählen. Vor allem konnte man sich so langsam an die Leistungsträger des Dôjôs heranarbeiten und auch so seine Ängste vor stärkeren Partnern überwinden. Vor allem die Abwehrtechniken waren total frei. Ob man in den Angriff hinein ging oder seitlich auswich, war absolut frei. In unseren heimischen Dôjôs reglementieren die Trainer ihre Schüler bei diesen Übungen zu viel und nehmen ihnen dadurch Kampfgeist und Kreativität. Die Techniken werden dadurch nicht wirklich frei. Auch die Einnahme der Distanz stimmte immer in Japan. In Deutschland erlebte ich immer wieder, dass ich, nach dem ich als Angreifer meine Position mit der korrekten Distanz eingenommen hatte, der Verteidiger noch einmal ein Stück zurückgleitete. Bei so einem Verhalten seitens des Verteidigers macht der Angriff keinen Sinn mehr. In Japan war es ungeschriebenes Gesetz, wenn der Angreifer sich zu nahe positioniert, dass er mit Kizami-Tsuki des Verteidigers darauf aufmerksam gemacht wird. Ebenso, wer zu lange mit dem Angriff wartet, wird vom Verteidiger angegriffen. Auch dies ist in Deutschland nicht möglich, da unser Training in Diskussionsrunden ausarten würde. Auch heute noch wird m. E. bei uns auf den Bewegungsbahnen der Techniken zu viel Muskelmasse angespannt und dadurch die Techniken verlangsamt. Bei allem Kampfgeist im Training, habe ich es in Japan nie erlebt, dass jemand ernsthaft verletzt wurde.

Bei Gohon Kumite sagte der Angreifer die Angriffsstufe Jodan oder Chudan an. Dann raste der Angreifer fünfmal in Höchstgeschwindigkeit auf einen zu. Ein Abwehren mit Age-

Uke oder so war da gar nicht möglich. Wir haben alle Angriffe nur mit der offenen Hand geblockt. trotz absolutem Kampfgeist waren alle immer locker. Gohon-Kumite, wie wir es in Deutschland praktizierten, habe ich in Japan nur in der Prüfung beobachten können: einmal langsam und dann in der schnellen Ausführungsweise. In Deutschland praktizieren wir ein Prüfungsordnungskarate (JKA) und nennen es dann traditionelles Karate.

Wenn ein neuer Schüler im Dojo erschien, so bekam er in den ersten 4 Wochen im Einzelunterricht die Techniken vom Ablauf her gezeigt. Vor dem Training der Hauptgruppe unterrichtete ein einzelner Instruktor, wie z. B. Imura Sensei oder Yamamoto Sensei, diese Anfänger. Danach kam dieser Schüler direkt in die Hauptgruppe. Es machte keinen Unterschied z. B. im Gohon Kumite, ob man von so einem Neuling oder einem erfahrenen Schüler attackiert wurde: alle rasten dabei mit Höchstgeschwindigkeit auf einem zu. Von der Gürtelfarbe wurde nur weiß oder schwarz getragen. Nach durchschnittlich 2 ½ bis 3 Jahren erfolgt die Prüfung zum Shodan (1. Schwarzgurt). Mein persönliches Karate orientiert sich an dem Karate von Iida Sensei. Für mich ist es die stärkste Persönlichkeit, welche ich im Zusammenhang mit dem Karate kennen gelernt habe. Bei Iida Sensei wurde mir zum ersten Mal im Leben klar, was das Wort Ausstrahlung bedeutet.

Das Hôzôji Dôjô existiert heute nicht mehr. Mich persönlich würde vom Karate her heute Okinawa interessieren, da die dortigen Karatestile ursprünglicher sind. Wer das Karate nach der Ausführungsart der JKA kennenlernen möchte, dem würde ich empfehlen, sich ein örtliches Dôjô zu suchen. Dort ist es auch leichter Kontakte zu finden und Freundschaften zu schließen.

Weitere Eindrücke in Japan

Bei meinem ersten Japanaufenthalt hatte ich mich ausschließlich in Tokyo aufgehalten. Später habe ich mir dann auch die Zeit genommen, etwas vom Land zu sehen. Insbesondere landschaftlich hat mich Nippon immer wieder beeindruckt. Ob es jetzt in den Bergen war oder am Meer. Besonders bei einem Inlandsflug hatte ich großes Glück und wir hatten sehr klares Wetter. Während des gesamten Fluges nach Ube-Airport im Süden der Hauptinsel Honshu konnten wir die Landschaft unter uns sehen. Wir flogen so nahe am erloschenen Vulkan Fuji-San vorbei, dass ich mit meiner Pocketkamera das oben abgebildete Foto machen konnte. Anschließend haben wir die Stadt Hagi, welche in einer malerischen Bucht am Meer liegt, besucht. Natürlich bin ich mittlerweile ein begeisterter Anhänger der japanischen Küche. Wer die japanische Küche kennt, versteht was ich meine. Es gibt nur eine Speise, mit der man mich jagen kann: Natto! Das sind vergorene Bohnen mit entsprechendem Geruch. Ob Sushi, Sashimi, Tempura oder Misosuppe, ich mag das alles. In Hotels und anderen größeren Unterkünften tragen die Hausgäste alle die gleich aussehenden Hauskleider. Ich fand das alles immer ganz lustig. In manchen Hotels gibt es dann abends noch ein Programm, bei dem dann auch reichlich der Sake und andere alkoholische Getränke fließen. Anschließend gibt es dann noch Karaoke. Ich will nicht alles schildern, was ich hier erlebt habe, aber es war schon ein hartes Programm.

1983 in Tokyo, Setagaya-Ku, Fukazawa. Chieko und ich waren 12 Jahre verheiratet und hatten eine großartige Zeit und auch eine einvernehmliche Trennung. So bekam ich Einblicke in die japanische Gesellschaft. In Tokyo, im Haus meiner Schwiegereltern, habe ich mich zu Hause gefühlt. Es war schon ein eigentümliches Gefühl, von zu Hause mit der Subway zu Iida Sensei ins Training zu fahren.

1986, Teezeremonie bei der Familie

1981, Tatsuo Kitamura, Jochen u. Iida Sensei

1981, nach dem Training im Hôzôji Dôjô,
rechts Tatsuo Kitamura

1983, Hôzôji Dôjô

Nach 1 ½ Jahren Training wurde ich beim DKB angemeldet und erhielt meinen Karate-Pass

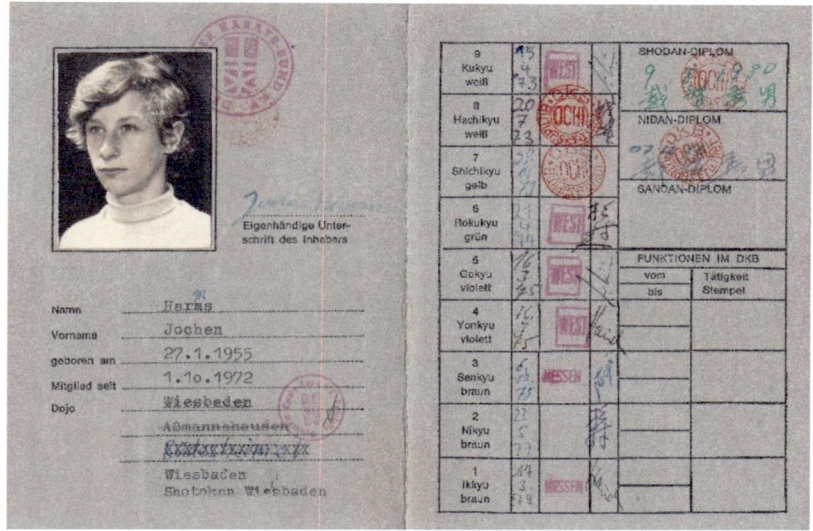

1999 DM Jugend und Junioren in Maintal.
Autor Jochen Harms und Sportdirektor Peter Betz

1996 in Ravensburg: Hintere Reihe von links: Günter Mohr, Roland Hantzsche, Roland Lowinger, Lazarus Apostolitis, Gerd Steinrücken. Knieend von links: Jochen Harms, Efthimios Karamitsos, Toni Dietl und Lothar Ratschke

35 Resümee

In den Jahrzehnten meiner Karate-Praxis hat man natürlich karatespezifisch gefühlt „alles erlebt". Heute ist mir bewusst, dass ich auch Jahre hatte, in denen ich keine große Freude am Karatetraining hatte. Das Training fand ich oftmals zu eintönig, insbesondere auch durch die Häufigkeit. Von einem jahrzehntelangen mehrmaligen intensiven wöchentlichen Training muss man auch erst mal langsam herunterkommen, ohne gleich ein schlechtes Gewissen zu haben. Heute genieße ich das Karate nur noch. Ich habe Zeiten, da trainiere ich häufiger und ich habe Zeiten, da trainiere ich weniger. Entscheidend ist, dass man mit dem Karate-Praktizieren nicht aufhört, solange es körperlich noch geht.

Jetzt, mit meinen 69 Jahren, beim Älterwerden ist mir bewusst, dass über kurz oder lang körperlich karatemäßig nicht mehr viel gehen wird. Auch diesem Zeitpunkt sehe ich ganz entspannt entgegen. Ich muss niemandem irgendetwas beweisen und mir persönlich schon gar nicht. Denn Karate ist vor allem eine Einstellungssache, aus der eine gewisse Haltung resultiert und diese Haltung werde ich nie verlieren. Einmal Karateka, immer Karateka!

Für mich persönlich gilt, dass ich die Karatetechnik in der Ausführungsform nur noch locker, schnell und entspannt angehe. Die überwiegende Zeit meines Karatepraktizierens habe ich mich während des Trainings angestrengt. Jetzt, im Älterwerden kommt es mir darauf an, dass die Ausführung der Technik im Mittelpunkt steht und nicht das Trainieren. Eine Fußballmannschaft geht auch nicht ins Spiel mit dem Gedanken sich anzustrengen, sondern das Spiel zu spielen und zu gewinnen. Wenn ich alle Heian Katas und die Tekki Shodan in lockerer Ausführung gelaufen bin, dann habe ich auch etwas für meinen Körper getan. Und mit der gleichen Einstellung nehme ich am Training im Dôjô teil. Ich möchte das Training über die Zeit entspannt durchstehen, das reicht mir persönlich. Wenn ich mich in meinem Alter zu viel anstrenge, schlimmer noch, körperlich verausgabe, dann habe ich im Praktizieren des Karate etwas falsch gemacht. Die Ausführung der Kata ist wichtig, nicht die Anstrengung steht im Mittelpunkt.

Ich spanne meine Techniken bei der Ausführung, auch im regulären Training bei der Grundschule, nur noch kurz bei der Arretierung in der Endphase, aber nicht mehr mit höchster Anspannung: Lockere kurze Anspannung bei optimaler Geschwindigkeit!

Auch Graduierungen und Gürtelprüfungen haben für mich persönlich keine Bedeutung mehr oder anders ausgedrückt, sind für mich nicht mehr wichtig. Entscheidend für mich persönlich ist, dass ich selbst weiß, was ich im Karate kann und was nicht. Und ich weiß auch, weshalb ich das eine kann und das andere nicht. Ich habe viele besondere Menschen durch das Karate kennen gelernt und immer wieder erfahren, dass uns doch etwas verbindet. Es spielt keine Rolle wie viel oder wie wenig man sich begegnet ist. Man kannte sich untereinander halt. Das ist im heutigen Karatesport vorbei. Das ist halt eine andere Zeit und die machen auf ihre Weise ihre Erfahrungen. Nur ist das halt nicht mehr mein Ding.

Wenn ich an meine Karatezeit zurückdenke, empfinde ich Dankbarkeit für das Erlebte und Zufriedenheit für das Erreichte. Zweimal in der Woche leite ich noch das Karatetraining in unserem Verein. Mein persönliches Karate ist das Training am Makiwara. Ich wohne in einem Seitental des Rheins mit Blick zum Fluss. Nach dem Makiwara schlagen setzte ich mich manchmal mit einem Glas Rotwein, der Spätburgunder wächst in den Weinbergen auf der anderen Seite des Tales, auf die Terrasse, blicke zum Rhein hinunter und denke für mich im Rheingauer Dialekt: Des isses!

Blick von meiner Terrasse zum Rhein und in die Weinberglage „Höllenberg", wo der bekannte Rotwein, der Assmannshäuser Spätburgunder, seine Heimat hat.

Jochen Harms,   **Assmannshausen am Rhein im August 2024**